看透顾客

叫醒你的耳朵做销售

刘子滔 [台湾] ◎著

·北京·

图书在版编目(CIP)数据

看透顾客的心:叫醒你的耳朵做销售 / 刘子滔著. —北京:
中国经济出版社,2014.5
ISBN 978-7-5136-3256-0
Ⅰ.①看… Ⅱ.①刘… Ⅲ.①销售学 Ⅳ.①F713.3
中国版本图书馆 CIP 数据核字(2014)第 099448 号

责任编辑	杨　莹
责任审读	霍宏涛
责任印制	巢新强
封面设计	任燕飞

出版发行	中国经济出版社
印 刷 者	北京力信诚印刷有限公司
经 销 者	各地新华书店
开　　本	710mm×1000mm　1/16
印　　张	16.25
字　　数	210 千字
版　　次	2014 年 5 月第 1 版
印　　次	2019 年 12 月第 7 次
书　　号	ISBN 978-7-5136-3256-0
定　　价	48.00 元

广告经营许可证　京西工商广字第 8179 号

中国经济出版社 网址 www.economyph.com　社址 北京市东城区安定门外大街 58 号 邮编 100011
本版图书如存在印装质量问题,请与本社销售中心联系调换(联系电话:010-57512564)

版权所有　盗版必究(举报电话:010-57512600)
国家版权局反盗版举报中心(举报电话:12390)　　服务热线:010-57512564

序 一

在全球经济一体化的今天，面对竞争压力的不断加大，消费行为的不断变化，中国零售业正经历着巨大的转型升级阶段。零售企业真正到了拼内功、拼单店的时候。必须通过终端精细化的管理，利用更精细、更标准、更协同的系统化持续推进，助力店效的综合提升，进而提高企业的市场核心竞争能力。

刘子滔老师扎根零售行业的研究和培训工作10余年来，为众多企业量身打造了针对性的终端解决方案。他首推的终端销售结构训练模式更是开创了零售行业的先河。《看透顾客的心》一书以其精准的洞察和分析，浅显易懂的方式叙述呈现，可谓是市场一线销售人员"眼观六路、耳听八方"的又一利器。相信会让很多零售企业在终端销售与管理上受益匪浅，帮助终端一线销售人员提高自我"造血"的能力。

(芮劲松)

波司登国际控股有限公司副总裁

序 二

国内服装行业已经全面进入品牌时代，而服装品牌之间的竞争最终集中体现在了零售终端的竞争。零售终端的竞争是品牌在选址、形象、货品、销售、人员、服务等几个方面精细化管理的硬实力竞争。销售作为一切零售管理工作的核心，而一线人员作为销售行为的执行者，作为品牌与大众消费者对话的桥梁，其服务水平与沟通方式在很大程度上决定了销售结果。

服装消费大多属于冲动型消费，一线人员需在短时间内将商品信息迅速、准确、有效地传递给顾客，沟通双方感情，同时快速捕捉到客户潜在、尚未满足的需求，并且在店铺能力范围内通过改变产品特色来满足这种需求，帮助客户做出购买决策。为了促成销售，导购除了必须学习所有商品的各种知识，做到"卖什么、学什么、懂什么"之外，还必须了解客户，把握顾客的购买动机与心理特征。

《看透顾客的心》一书乃刘子滔先生经数年深入大型服装企业，潜心研究顾客的行为及心理进而撰写成册，积累和总结了他丰富的实践经验，对于终端一线人员来说是一本销售心理学方面的"孙子兵法"。他一反以往概念中销售人员以"说"为主导、灌输产品信息的压迫式销售方式，改为以"听"为主导，以"听"的方式快速捕捉顾客的声音声调、音量语速、说话的方式、可能出现的行为特征和话语中的特征词语，然后综合分析出客户的性格背景和心理潜台词，进而制定相应出对策。该书言简意赅地道出分析方式和捕捉技巧，举证丰富切合实际，对于管理者锻造"金牌销售"，训练其心理战术有很大帮助。

开卷有益，开卷有得，得之无关乎多少，关乎实践，重在运用。

(梁齐晃)

利郎(上海)有限公司第一负责人董事

序 三

倾听——成功销售的金钥匙

很高兴读到刘子滔老师的《看透顾客的心》这样一本将销售从"意"和"形"两个方面结合分析解读的书。书中将销售从"随机销售"转变为"研读顾客话语、音调的目的性销售",重点解读了销售终端顾客在销售现场中经常出现的一些关键字眼以及应对策略,挖掘了顾客的潜意识,整本书实用且简单易懂,很容易运用到日常的销售中。

我们在高端女装市场经营已有十余载,深刻地感受到了女装市场及顾客的变化,这种变化是由消费者日益完善的品牌意识及理性消费带来的。基于此,我们的营销也在调整策略来适应消费者。刘老师曾经给朗姿做过一场培训,朗姿作为国内成熟高端女装A股唯一的上市企业对企业培训有着较高的要求,但听了刘老师的课程,销售管理人员都觉得很受益。这本书集刘老师多年来培训的精华,相信会是终端导购的一部宝典。全书中少了苍白的空话、套话,更多的是基于销售的关键字眼以及如何读懂顾客的言外之意的技巧,对顾客的营销技巧的把握显而易见。

21世纪,营销日渐凸显的作用和营销的价值已经不容小觑。毫无疑问,本书对营销人才素质的提高、逻辑分析能力的挖掘将有很大的提升!中国的营销正处于一个巨大变革的新起点,营销人员掌握新的营销技巧才能存活在变革的浪潮中。书中也融入了诸多关于客户类型、销售策略、与顾客换位思考与销售模式等问题的解读,相信能给广大的营销人员带来帮助!

朗姿愿意和所有中国女装企业一道,在刘子滔老师这样的业界精英的有力辅助下,为建立令国人骄傲的国际品牌而不遗余力,共同奋进!

(王国祥)

朗姿股份有限公司副总经理
兼品牌销售运营管理中心总经理

序 四

年前收到刘子滔老师的一个简讯,希望我能给他的新书写个序言。在仔细阅读了刘老师的新书后,不禁感慨万分!难得刘子滔老师在日常繁忙的培训、顾问工作中如此有心地收集案例,并将之深刻剖析后整理出书,为服装零售行业的管理和培训再次提供了优秀的实用书籍!

我自20世纪90年代初期进入服装行业,亲身经历了改革开放以后国内商业政策、环境、服装品牌体系建立等一系列发展及变化。在这20多年中,国内的服装行业发展迅猛。每个阶段都涌现出无数勇敢的创业者,但当分享完改革初期快速发展的红利后,绝大多数品牌都已销声匿迹。我接触了不少同行,大家每年都在说一年比一年难做。而事实上,不论经济形势如何,三百六十行中哪一行都未曾消失过。因为环境使我们浮躁而急功近利,不能静下心来踏实地建立精细化管理体系,也就无法沉淀品牌文化并成就属于我们自己的百年品牌。

《看透顾客的心》的重点紧紧围绕着"达成销售"为目标,通过分析营销人员的销售心理及顾客的消费心理,树立一线人员正确的营销思维方式,再以换位思考的角度,使我们更容易理解并找到促成销售的有效技巧。

书中总结了近百条日常一线营销人员容易忽略的不良话术案例,生动有趣地剖析了门店员工因不良习惯养成的随意话术方式导致的销售流产。同时也针对错误的销售方法,举一反三地给出了行之有效的解决方案。新书还系统地分析了各种不同类型的顾客心理,使我们能更深刻地了解消费者的需求,而提前做好满足顾客需要的准备并提高销售业绩。

在日常工作中，虽然我们也在不断努力和完善，但这样一本案例取材真实，培训内容更具实操性和适用性，易于员工理解和运用的教材，也是我们迫切的需求，能使我们为企业培养出更多优秀营销人才做贡献！

回顾国内服装零售行业近20年的发展，对比我们望尘莫及的欧美奢侈品牌，我们太需要静下心来学习，以谋求国内服装品牌行业的百年大计！

（倪　明）

上海弥杉制衣有限公司总经理

序 五

受到刘子滔老师的邀请，为其著作《看透顾客的心》一书编写序言，真是深感荣幸。对于刘子滔老师已经是非常熟知和了解了，公司从2012年至今一直与刘子滔老师的咨询团队保持紧密的合作，从公司内部全体成员参与的"赢在团队"、"打造团队精神"到店长、督导类的"店长特训营"再到订货会类的"新时代经营管理思路"等系列课程，都赢得了巧合公司全体参训学员的好评。作为国内高端女装品牌公司对企业培训及培训讲师的选择有着较高的要求，刘子滔老师授课的语言通俗易懂、生动幽默、深入浅出、极具感染力，每次培训都是气氛活跃、带动性强，给予学员较大的帮助和提升，深受学员们的喜爱。因此，相信巧合公司与刘子滔老师的合作也会长久持续下去。

刘子滔老师依据自己多年的服装行业培训经验，对终端店铺的销售服务颇有见地，本书从传统终端店铺的以"说"为主转型为以"听"为主，通过"听"顾客的关键词句来分析顾客的心理特征，同时结合不同类型顾客的声音、声调、语速、面部表情、肢体语言来诠释顾客的行为表现并做出对策。书中通过引入大量的终端门店常见的销售案例及顾客常出现的关键字眼，迅速唤醒销售顾问的耳朵，来分析顾客的心理需求，对顾客的潜在需求进行深入挖掘，给予有针对性的解决方案。

在全书的每章节中引入的思维导图贯穿全文，使整本书籍图文并茂，看起来逻辑缜密，连贯性强。每章节的总结话语更是提炼出的精华，起到画龙点睛之效果。同时其中穿插的部分图表、漫画、人物情景模拟、开心笑话等，也使全本书看起来生动有趣、通俗易懂，最后部分是以作业形式呈现，留给读者自我学习和总结之用，这种诙谐幽默、逻辑性强的结构布局与刘子滔老师的讲课风格相得益彰。

其实，从事服装行业的人员都很清楚，随着社会的不断进步，消费者的消费习惯、结构、观念及消费行为正在发生巨大的改变，尤其是女性顾客。越来越多的品牌公司将目标市场投向女性消费群体，女装市场具有较大的发展空间。然而在日趋竞争激烈的服装行业，终端销售不再是以"产品"为导向，而转为以"服务"为导向，因此品牌企业要想在新型的社会形态下抢占先机，就得从终端服务抓起，将"顾客至上"的理念深入每一位销售顾问心中。而如何能做好终端销售服务呢？《看透顾客的心》一书就可以解决这类问题，让销售顾问从中学习到如何通过顾客字里行间所表达出来的关键字眼以及顾客的行为举止、声音声调、音量语速、说话的方式等来推测和判断顾客的心理及需求，已便于促成成交。

唯一能持久的竞争优势是胜过竞争对手的学习能力，只有不断学习、不断成长、学以致用，方能在竞争激烈的环境中崭露头角、出类拔萃！

(陈东源)
广州巧合服饰有限公司总经理

缘　起

距离出版上一本书已经有七八年的时间了，在这七八年里并不是没有写书，而是大多数都在帮企业内部做咨询项目，最后都以项目成果的方式交付给了企业。从2005年的第一个项目——深圳的品牌女装"娜尔思"开始，出版了市场上第一套关于销售话术的口袋书《服饰终端销售问与答》，该书罗列了终端服装销售现场的150个问题，总结了将近500个正确的模板和800个错误的模板，广受终端服务人员及客户的喜爱。随后经历了2007年上海"罗莱家纺"项目，2009年上海"马克华菲"项目一直到2011—2013年江苏"波司登"羽绒服饰，期间针对终端顾客的行为及心理需求不断进行分析，积累和总结了丰富的经验。

《看透顾客的心》是以本人最新提出的"猫尾巴式的管理"中的"猫尾巴式的思维"以终为始，以顾客为出发点总结归纳所写成的，在销售难度日益增加、顾客需求日益错综复杂的今日，提出一些销售培训方面的新的观点和方法。

销售训练应"重其意，轻其形"，而非"重其形，轻其意"！只要是"意"对了，"形"自然可以千变万化。这里我所谓的"意"指的是分析，以及分析之后的策略制订，而"形"指的是固化的文字语言。知其然更要知其所以然，只有知其所以然才可以有现场的灵活与应变，正确又不失个人的本性。

过往在做销售训练时，有时最难突破的一关就是要把我的说话方式灌输到另一个人身上，用我的习惯用字去改变对方的习惯用字，即使现场改变了，也未必真正可以灵活顺畅地应用在现场，除非这个人的说话

逻辑和用字方式与我本身就贴近类似，否则死记硬背是一回事，到现场实际运用又是另外一回事。在平日销售技巧培训抽考时，每位销售人员都能达一百分，但回到终端销售现场后还是按照自己以往的习惯方式来进行销售，导致理论考试与现场实际销售脱节。再加上终端现场销售顾问的年龄、背景、学历、文化层次参差不齐，就更加大了销售技巧培训落实的难度。

而本书全篇以"意"为主、"形"为辅的结构方式呈现，用两大部分"意"的分析去推动销售策略的思考和制订，而最终的"形"的部分将由读者自己去完成。其中第一大部分为关键字的分析解读，第二大部分为声音声调的特征分析解读。

所谓关键字分析解读指的是顾客在销售现场中经常出现的一些关键字眼，比如说"万一"、"主要"、"比较"等等。我们都知道一个人的遣词用字也是他潜意识的外在表现，是顾客遗漏在外等待我们去发觉的部分，通过这些关键字的解读来追溯顾客的心理动态与想法，除了能更深层次地了解顾客之外，还可以更高度的掌握顾客的心理需求。销售就是一场心理战争，只有把握顾客的心理，制定出相应的策略以及处理的结构，最终才能够克敌致胜。

而所谓声音声调的特征分析解读指的是我们对于顾客说话时的观察，有时候眼睛是会骗人的，看着顾客说和闭起眼睛听顾客说，最终得到的收获和启发是不同的。因此这部分从顾客说话的声音声调、音量语速、说话的方式及可能出现的行为特征，综合分析顾客的性格背景，以及在这种背景下的心理需求，最终形成应对的建议及策略。

对内地的企业来说，完全共性的终端销售方式在执行上存在许多困难，我们很多企业没有麦当劳和肯德基的体系和机制，很难揽到麦当劳和肯德基的活，所以个人认为共性和个性的结合会是比较适合的方式。因为完全的共性，需要庞大的人力资源、组织架构、监督考核机制的支持才能够做到，以目前的中小、中大型企业来说，这不仅仅是能力的考验也是资金的考验。而完全的个性不仅会造成终端店铺各自为政，千店千样，还会造成终端业绩以英雄挂帅，这样对终端人员招聘、管理、训

缘　起

练与人事布局都会不利。因此，只有将两者紧密的结合起来，才更加有利于企业的管理和发展。

而共性与个性结合方式的养成，不仅可以简化企业培训的难度，提高监督与考核的执行，同时还可以在共性的基础上展现个性的灵活，以"意""形"相互结合，达成快速提升终端销售水平的目标。

刘子滔老师
知诸零售学堂校长

目录 CONTENTS

001 | 序
001 | 缘　起

005 | 第一章　销售话术中的攻守策略
　　　　　　008 | 常见之误，无心之失
　　　　　　013 | 品顾客之语，明顾客之心
　　　　　　018 | 言多必失，欲速则不达
　　　　　　023 | 攻未必攻，守未必守
　　　　　　027 | 知所进退，方有略
　　　　　　034 | 错事不可惧，错事结正果可惧

039 | 第二章　关键词解读顾客内心
　　　　　　044 | 关键词一：如果（假如）……
　　　　　　　　　重要等级：★★★
　　　　　　047 | 关键词二：万一……
　　　　　　　　　重要等级：★★★★★
　　　　　　052 | 关键词三：最重要（关键）的是……
　　　　　　　　　重要等级：★★★★
　　　　　　056 | 关键词四：只要……就没问题了！
　　　　　　　　　重要等级：★★★★★

062 | 关键词五：同样……为什么？
　　　重要等级：★★★

068 | 关键词六：我担心……，我比较担心……
　　　重要等级：★★★★

072 | 关键词七：主要…
　　　重要等级：★★★

076 | 关键词八：……再考虑看看
　　　（再想想，再思考一下……
　　　重要等级：★★★★

081 | 关键词九：除了……之外，其他都还不错！
　　　重要等级：★★★★

085 | 关键词十：如果是以……我觉得……
　　　重要等级：★★★

089 | 关键词十一：是吗？是这样吗？
　　　重要等级：★★★

093 | 关键词十二：不用了！
　　　重要等级：★★★★

098 | 关键词十三：……多买……
　　　重要等级：★★★★

102 | 关键词十四：……有点……
　　　重要等级：★★★

105 | 关键词十五：……太……
　　　重要等级：★★★

109 | 关键词十六：我以前……
　　　重要等级：★★★★

116 | 关键词十七：如果……再……也没有用！
　　　重要等级：★★★★

120 | 关键词十八：怎么办（处理）
　　　重要等级：★★★★

目 录

124 | 关键词十九：……可是（但是）……
　　　重要等级：★★★★

128 | 关键词二十：……帮人买……
　　　重要等级：★★★★

135 | 关键词二十一：……应该……
　　　重要等级：★★★★

139 | 关键词二十二：其实……都差不多……
　　　重要等级：★★★

144 | 关键词二十三：……投诉……
　　　重要等级：★★★★★

155 | 第三章　妙招教你识顾客
　　160 | 类型一：主观型顾客
　　169 | 类型二：温和型顾客
　　178 | 类型三：质疑型顾客
　　185 | 类型四：求新型顾客

195 | 第四章　看透顾客心
　　200 | 盗心法则一：换位思考
　　205 | 盗心法则二：影像回放
　　210 | 盗心法则三：专业顾客
　　215 | 盗心法则四：生活销售
　　221 | 盗心法则五：策略模拟

230 | 后　序

- 常见之误，无心之失
- 品顾客之语，明顾客之心
- 言多必失，欲速则不达
- 攻未必攻，守未必守
- 知所进退，方有略
- 错事不可惧，错事结正果可惧

**第一章
销售话术中的攻守策略**

- 盗心法则一：换位思考
- 盗心法则二：影像回放
- 盗心法则三：专业顾客
- 盗心法则四：生活销售
- 盗心法则五：策略模拟

**第四章
看透顾客心**

看透顾客

第二章 关键词解读顾客内心

- 关键词一：如果（假如）……
- 关键词二：万一……
- 关键词三：最重要（关键）的是……
- 关键词四：只要……就没问题了！
- 关键词五：同样……为什么？
- 关键词六：我担心……，我比较担心……
- 关键词七：主要……
- 关键词八：……再考虑看看（再想想，再思考一下）……
- 关键词九：除了……之外，其他都还不错！
- 关键词十：如果是以……我觉得……
- 关键词十一：是吗？是这样吗？
- 关键词十二：不用了！
- 关键词十三：……多买……
- 关键词十四：……有点……
- 关键词十五：……太……
- 关键词十六：我以前……
- 关键词十七：如果……再……也没有用！
- 关键词十八：怎么办（处理）……
- 关键词十九：……可是（但是）……
- 关键词二十：……帮人买……
- 关键词二十一：……应该……
- 关键词二十二：其实……都差不多……
- 关键词二十三：……投诉……

第三章 妙招教你识顾客

- 类型一：主观型顾客
- 类型二：温和型顾客
- 类型三：质疑型顾客
- 类型四：求新型顾客

常见之误，无心之失

案例
1. 销售顾问："喜欢可以试穿看看！"

启示
1. 顾客的拒绝是因为我们错误的行为和语言
2. 知识价值不在于懂，而在于知行合一

知所进退，方有略

案例
1. 客户投诉处理！

启示
1. 分析顾客关键字，"知"顾客心理，才能制定策略
2. 先有"知"，才有其后的"进退"

攻未必攻，守未必守

案例
1. 顾客说："你们的新款在哪里！"
2. 顾客说："我之前买过你们家的羽绒服，跑毛跑得比较严重！"
3. 顾客说："你们的款式好土！"
4. 顾客说："如果一点折扣都没有的话，我一件都不买！"

启示
1. 控制自己的第一反应
2. 攻则当攻，守则当守，进退自如

第
销售话术中

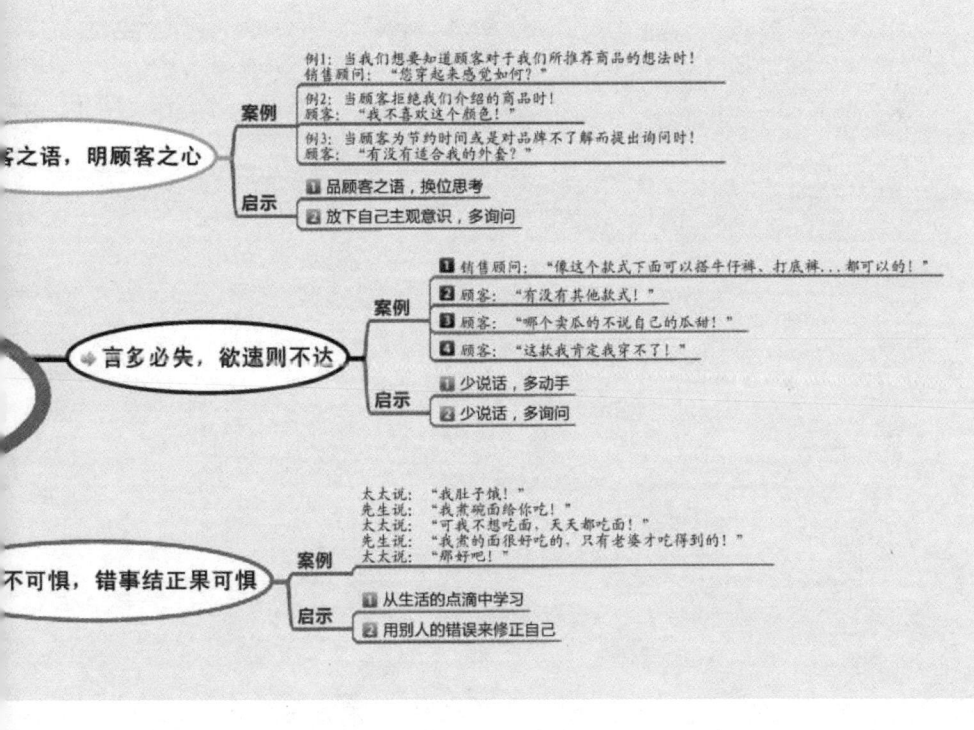

第一章
销售话术中的攻守策略

第一章
销售话术中的攻守策略

从"感性、冲动"消费转型到"理性、选择"消费的今日，顾客的需求早已从"缺"、"没有求有"转变到现在的求"加"、求"添"、求"换"、求"好"，从偏"生理"上的需求到偏"心理"层面上的满足，具体体现在顾客购物的急迫感大大不如从前，拖延商品购买的决定，或是挑三捡四地追求完美；现在的顾客不仅仅只是单纯地选择货品，同时也在选择向谁购买，从单纯的买"货"到"货、人、感受"一起购买。而这种趋势上的转变，事实上从中国的富人开始避免购买"标识性"过于明显的奢侈品牌，以及商品的去"LOGO"化等方面都可以看出端倪！

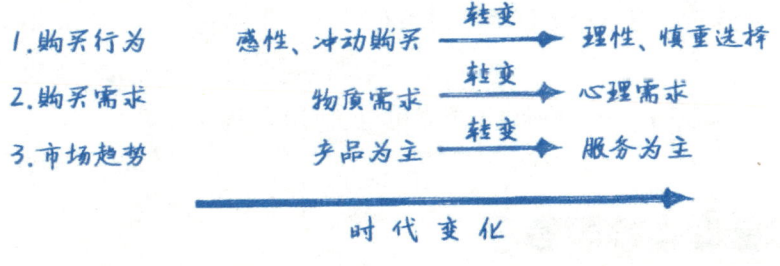

图1-1 时代变迁

当然这样的趋势转变，对销售顾问的能力和心态提出了更高的要求，毕竟现在的顾客并不缺买东西的地方，各大城市林立的专卖店、商场随处可见。顾客更不缺想要卖东西给他的人，因为这样的人满街都是。作为一个顾客，虽然经常上街购物、消费，但内心却经常是孤独、不满足的，因为**找买东西的地方不难，难在要找到一个真正懂他的人！**有时竟是那么无奈，想让自己的忠诚停下脚步，但是却又不知何处可以落脚！

"成交"、"销售额"并不能代表一切,有时候顾客的买单只能代表成交、业绩完成了,并不能代表我们的销售顾问懂他,服务令他满意。现在越来越多的顾客进店后宁可自己选购也不需要销售顾问陪同。顾客的购买和成交更多是因为真心喜欢商品而不是我们的销售顾问所提供的服务,最后的结果是顾客自己逛街服务了自己。因此,如果我们的销售顾问只是被这种业绩的表面蒙住了眼睛,那么成交将会越来越困难,顾客没有忠诚度的抱怨自然就要层出不穷了!

常见之误,无心之失

- 销售顾问:"喜欢可以试穿看看!"

这句话许多销售顾问都曾经说过,甚至已经成为他们的口头禅,而在这句话之后所得到的回应经常就是"没关系我自己看就好,有需要再叫你"。顾客进店就是希望被服务,既然需要服务又为什么要拒绝我们的靠近和服务呢?这其中的原因绝对不是一句"因为这句话是一句不规范的销售用语"可以涵盖的,而且这句话最浅显的潜台词就是"不喜欢就别试了"!其实这句话之所以不要说可以从四个方面来分析。

猫尾巴式的思考

其一:这句话的潜台词是"喜欢就试,不喜欢就别试"。

事实上,顾客进店触摸一件商品并不能代表顾客喜欢,充其量只能代表顾客被这件商品的某个特点吸引,因此这句话的潜意识就会导致顾客直接拒绝的本能反应。这就像我们逛街时经常会被橱窗陈列和模特儿身上的服装吸引进店,但是在进店到出店的整个过程中可能都不曾去关注刚刚被吸引的那件商品,因为对顾客而言欣赏是一回事,适不适合自己又是另外一回事,因此有许多顾客会出现以下几种心理状态:

第一章
销售话术中的攻守策略

（1）表面的反应是"这颜色好漂亮呀"，而深一层的反应是"我的肤色太黑了，驾驭不了这颜色"。

（2）表面的反应是"这穿起来肯定性感"，而深一层的反应是"胆子不够大不敢穿"，"平常上班不能穿，实用价值太低，看看就好"。

（3）表面的反应是"这裤子版型真好"，而深一层的反应是"腿太粗穿不上"，"身材不够好，穿不出感觉来"。

所以我们应该可以得到一个结论，就是不能从顾客的动作直接去判断顾客的喜好，因为顾客的一个简单动作并不能代表顾客已经喜欢，更不能代表顾客有兴趣或是想要购买，而销售顾问一句错误的语言，就可能会导致顾客直接拒绝。其实并不是顾客真心想拒绝，简单来说，这**拒绝只是顾客被我们错误引导之后做出的直接反应**！

其二：这句话容易引发顾客对于"销售的一般抗拒"。

这个道理其实很简单。假设您有二百万元，把辛苦攒下的一百九十万买了一套房子，买房、住新房的期待固然令人开心，但是当付完钱发现只剩下十万元时，难免会出现"失去财物的痛和失落"，毕竟大多数的人还是以"量入为出"的生活形态为主。同样的道理，提着新衣服回家，想到自己又可以有一个新的形象和装扮展现在众人面前是一件再开心不过的事情，付钱的时候难免还是会对自己失去的财物产生一点点的不舍！如果您是专卖店的工作人员，您可以做个作业：回去观察一下您店里的收银环节，看看顾客在付完现金等您找钱的时候会不会出现眼神不自觉地瞄向收银机，看着自己的现金离自己远去的现象，我经常开玩笑地称这种眼神为"最后的留恋"或是"最后的告别"！

当顾客刚进店时，顾客对我们的品牌、环境、货品、人员、价格可能都不熟悉，此时是顾客最没有安全感的时候，如果这个顾客又属于收入一般的族群，那安全感就更加缺乏了。其实这种心态很容易被理解，我们可以换位思考一下，比如当收入一般的我们走进一家并不熟悉的高档餐厅请朋友吃饭时，也会对自己接下来的消费支出产生不安全感，多数时我们都是不敢不看单价就直接点菜！

所以销售顾问赤裸裸的一句"喜欢可以试穿看看！"对顾客直接的刺激就可想而知了，那对顾客来说是一个明明白白的表示"我准备开始对您进行销售，您准备好花钱了"。顾客这时候所产生的拒绝事实上有几层含义：一是"能不能让我先自己了解一下这个品牌，衡量衡量，当我产生安全感之后我再来接受你的服务"；二是"万一我买不起，我也不想耽误别人做生意的时间，浪费销售顾问的表情"；三是"我不喜欢你们，你们离我远一点"；四是"我习惯自己一个人看看，能不能先给我一个私人的空间"。

当然大多时候顾客并不是真的拒绝服务，而是突如其来的一句话让对方产生了对于消费与支出的不安全感而已，不过可惜的是当这种状况出现的频率较高，次数较多之后，就会被解释为"顾客喜欢自己看，不喜欢有人跟"，"顾客现在不喜欢服务，比较喜欢自己看"，"顾客现在都很有自己的想法，不喜欢销售顾问介绍"。也许在我们的现场里确实有这样一群顾客存在，但是这样的顾客真的多吗？我们这样给顾客下定义准确或是公平吗？以偏概全的思维并没有给我们的前进指明方向，反而使我们产生了巨大的心理阻碍——"是顾客的问题，因为我已经做好我应该做的了"。**当我们找好了自我安慰的理由时，进步的大门也就立马关闭了！**

其三：在人与人之间的沟通当中，应该要尽量避免疑问句的单独存在。

中国的语言与文字博大精深，对全世界来说都是比较复杂的，中国人学英文容易，但是外国人学中文难。不过身为中国人，许多人说了一辈子的中文都未必真正花时间去研究过中文，就"妈妈"这个角色，在中国就有多种不同的称呼。如"妈妈"、"母亲"、"娘"、"老妈"、"老娘"、"娘亲"，如果再加上地方方言的话那就更加多不胜数了，而且古时候还会有显示身份地位差别的称呼，如"额娘"、"母后"、"皇额娘"等。不过我们从这些称呼中可以发现，不同的称呼代表的是不同的年龄、场合，甚至是不同的身份与地位的象征，其中的差异性还是比较大!

  疑问句的单独存在容易让人产生一种直接被攻击、被挑衅的不舒服的心理感受，而这种不舒服的感受并不一定强烈到你可以有意识地去发现，甚至它可能只是我们心里存在零点几秒，虽然短暂得不易让人发觉，但是它却真真实实地存在我们心中。举个生活中最简单的例子：比较"吃饱了没?"与"哇！真的好久不见你了，吃饱了没?"这两句话，大家会发现后者加了前引，多了一段暖身的话语会让人的心里更加舒服一些。再举一个场景，当您心情沮丧地呆坐在角落时，有个朋友走过来第一句话就是"怎么了?"虽然朋友的出发点是好的，但在听完这句话之后，您的心情是更好还是更糟？如果您的回答是"心情不好"，而对方马上接口"为什么?"您的心情又是如何？可能下一句回答就是"你别管，让我自己一个人静一静！"这样直接的语言和拒绝被关怀的态度会让关心您的人心里不舒服。他心里只会想"我是关心你，你为什么对我这种态度"。但是他可能永远都不会想到是因为自己两个连续问句的攻击性直接导致了您的反弹。**可惜的是，大多数人心里的想法是"我关心你，你不应该用这样的态度来对我"**，而永远不会知道"对方的反应其实是自己不当的说法所造成的合理结果"。

  因此"喜欢可以试穿看看"这句话并不是一定不能说，如果能在说之前加上一小段前引的话，把攻击性降低，那么这句话说了之后就比较不容易遭到顾客的直接拒绝。直接切入有时候就会得到顾客直接的反应，柔和的过渡自然就比较不容易遭到顾客直接的拒绝！

  其四：遭到顾客拒绝之后销售顾问的心态变化。

  如果一个女孩告诉一个男孩"我爱你"，而男孩的反应是"不好意思，我们不合适"，之后这个女孩想第二次向男孩表白"我爱你"时，心里承受的压力肯定要比第一次大得多，毕竟第一次告白已经遭到了拒绝！同样的道理，销售顾问满怀热情地靠近顾客说"喜欢可以试穿看看"，结果换来的却是顾客无情的拒绝"我自己看就行，有需要再叫你"，这时候销售顾问的满腔热情就被泼了一盆冷水。当销售

顾问鼓起勇气做第二次靠近时，就会产生心理压力变大、自信心降低、自豪感减弱等微妙变化。如果这个顾客在拒绝时的表情冷漠，而且语气较重，那么销售顾问可能就此放弃接待这个顾客，而把希望寄托在下一个顾客身上！

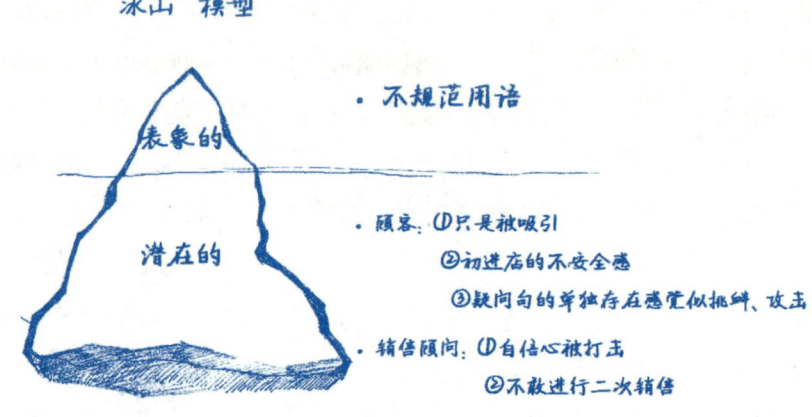

图1-2 "冰山"模型

综上所述，**顾客不一定会拒绝我们的服务，有时顾客的拒绝只是我们错误的行为和语言所导致的结果**，就是俗话说的"搬石头砸了自己的脚"，自己给自己的心里添堵，自己给自己设置了销售的障碍！

从以上四个不同的角度来解释"喜欢可以试穿看看"这个现象，最主要的原因并不是我们的销售顾问不知道这句话在终端现场里应该尽量不要说，或是不知道该如何说会更好，而是因为他们对于知识或是技能懂得不够深，分析得不够透彻，对自己的益处或是害处感受不够刻骨铭心。因此**在自我认知不够深刻的情况下，所学到的知识和技能无法让自己产生持续改变的动力和行为**，结果知识与技能的学习最终只停留在"懂"的阶段，无法在自己的工作中将知识与技能转换成实际的业绩价值！要明白知识与技能的价值并不在于"懂"，而在于"让自己产生持续改变的行为来体现价值"！

第一章
销售话术中的攻守策略

品顾客之语，明顾客之心

我们所说的**每一句话事实上都会存在两个含义，一个是我所想表达的含义，另外一个是顾客所感受到的含义**。在正常的人与人之间的沟通当中，我们当然希望这两个含义可以相同，这样就表示我们已经将所要表达的内容正确地传递出去了。但是在实际的沟通过程中，我们会发现这两个含义在某些时候不一定等同，甚至有时候会出现背道而驰的现象。这正是我们身为销售顾问应该要谨慎小心之处。

"**一个人的本位思考是自然生成的，而习惯性的换位思考是需要训练的**。"通常来说，我们都比较清楚自己想要表达的含义，这是一种理所当然的本位思考，很少去做到换位思考——思考我们在沟通的过程中顾客可能感受到的含义。因此，两者含义之间的错位极有可能就会出现"说者无心，但是听者有意"的尴尬局面！举例来说——

- 销售顾问："这款您穿肯定好看！"
- 顾客："是吗？我怎么觉得好土！"
- 销售顾问："不会呀！挺好看的！"

其实对于销售顾问来说，"不会呀"这三个字是希望表达出自己的"肯定"、"信心"并借此给予顾客正面的购买动力。但是这样的"肯定"和"信心"是不是真的如愿以偿传递给顾客了呢？我看不一定，因为假如我是顾客，我对这三个字所感受的含义可能不是"肯定"和"信心"，而是你对我的看法的直接否定，甚至我会觉得你是在挑衅我的审美观，嘲笑我对时尚、好看和不好看的定义。基于与人沟通相处的礼貌，我不一定会出言为难销售顾问，但我可能在销售顾问说下一句话时回答"没关系，那我自己看看，有需要再叫你"。"有需要再叫你"这句话所要传达出的意思就是"没有需要，我没有叫你，你就别再过来了"。再接下来我可能很快就会离开店铺，没有兴趣再多留一刻，就跟工作时"志不同，道不合，不相为谋"，与人交流时"话不投机半句多"的道理一样。而如

果这时候销售顾问的说法是"真是不好意思,请问您觉得什么地方不合适呢?",那么我所感受到的含义就会完全不同了,"很懂进退,聊聊无妨!"、"虚心请益,知错能改!",至少我能够维持继续与销售顾问沟通的意愿,而不会选择一拍两散!

对于顾客来说,其实他们的想法很简单,逛街的地方随处都是,又何必留在一个让自己感受不舒服的地方,**"花钱的不一定是'大爷',但是花钱的人至少拥有选择的权利"**。说实话,顾客只是简单地想找一个能懂得尊重他、了解他需求的地方,这样的要求应该一点都不过分吧!

反过来说,其实顾客所说出来的每一句话也会有他所想要表达的含义,当然这时候的顾客不一定会明说,毕竟我们和顾客之间即使是朋友也还只是"买"与"卖"之间的关系,是"赚钱"与"花钱"之间的关系。因此,顾客有时候会存在较为矛盾的心态,一方面希望我们能够尽自己所能地满足他,而另一方面又不希望透露出太多信息而被销售顾问所掌握。所以许多顾客对自己的语言表达会有所隐藏,这时候就需要靠我们的两只耳朵和一颗心去聆听和发觉顾客的真实想法。拿以下几个案例来说明:

例1:当我们想要知道顾客对于我们所推荐的商品的想法时

- 销售顾问:"您穿起来感觉如何?"

很少有顾客会毫无隐藏地把感受完全表达出来,"真是太好看了,我太满意了",反而大多数的顾客会选择用有所隐藏的方式来表达,如"还行"、"看起来还可以"、"还不错"甚至还带着"不动声色"的表情来迷惑销售顾问。但是一个听得懂顾客心意的销售顾问这时候就应该知道"顾客事实上已经表达了一定的满意度",虽然顾客不一定十分满意或是百分百购买,但是商品对顾客来说具有一定的吸引力,所以这时候销售顾问应该就商品的卖点往深度开始介绍,刺激顾客购买欲望的提升!这时候有两件事情销售顾问千万不要做。

第一章
销售话术中的攻守策略

猫尾巴式的思考

其一：急于得到顾客肯定的回复。

因为急于得到结果，所以不断地询问顾客："怎么样"，"感觉怎么样"，最终大多数时候除了得到"还行"的回答之外，还可能会导致顾客的反感或不耐烦，"这人怎么听不懂我的意思呀"。

其二：以为顾客不满意，马上转往其他方向去介绍。

"要不我再介绍其他的款式给您看看？"大多数的顾客会选择同意多看看其他的款式，他们的思维都很简单"说不定还有更适合的"，这样的做法不能说是错的，但是很容易造成顾客在尚未真正了解第一件商品的情况下就开始关注第二件商品，结果模糊了顾客的焦点，造成顾客的决策困难。所以有时候太多的选择对我们的销售来说不一定有利！因此，尽量让顾客的焦点先在第一件商品上停留，除非顾客表明"拿其他款式我看看"。

例2：当我们介绍一款商品给顾客，而顾客的反应是不接受时

- 顾客："我不喜欢这个颜色！"

这句话的含义是"顾客对颜色有意见"，但并不代表顾客对这件商品所有的部分都有意见！所以此时销售顾问除了可以询问"那您一般喜欢什么样的颜色，是深一点的，还是亮一点的？"之外，更重要的是应该就颜色之外的其他方面向顾客做出确认，比如："除了颜色之外，这款式您喜欢吗？""这样的收腰设计您喜欢吗？""长短合适吗？"等等。既然顾客已经表达了对这件商品的不满意，那么销售顾问就应该通过这件商品把顾客信息最大化地收集起来，避免在接下来的推荐上犯重复性的错误，目的就是要让这件商品最大程度地来辅助销售的达成。

面对以上情况，销售顾问应尽可能避免以下两种做法：

猫尾巴式的思考

其一：如前所述，马上转往其他商品上去做推荐，这是销售顾问的习惯做法，但却不是最佳的方法。

其二：继续往下做强硬的销售。

"其实这个颜色挺衬您的肤色"，"其实这颜色挺适合您的"，"其实这颜色您穿起来挺时尚的"……，销售顾问通常会企图用自己的主观意识去改变顾客的主观意识，期待顾客放下个人的主观想法欣然接受自己的想法。其实，我们要明白不管销售顾问对色彩、风格多么专业，要破除顾客长久以来所养成的主观意识还是比较困难的事情，要学会"顺风推而不要逆风走，借力省力"，这是可以使销售过程如行云流水般顺畅的最重要的原则。要是能对在销售过程中"强攻未必是真正的强攻，而退一步的防守也未必是真正的防守"这个道理有所领悟，并接受顾客的批评、不满和意见，以守为攻，将会是更省力的做法。

例3：当顾客进店之后不管是因为想要节约时间，还是因为自己懒得一件一件看，一件一件挑，或是出于对我们的品牌、商品不熟悉而提出询问时

- 顾客："有没有适合我的外套?"

这时候销售顾问最不聪明的做法就是开始一件商品一件商品地往下推荐，"这个款式是我们今年的新款"，"这个款式也不错，您可以试试看"……如果销售顾问连续推荐三个款式而顾客都不喜欢的话，就会发现顾客接下来最有可能回复的一句话就是"没关系，我自己看看就好了"，随后就是在很短的时间内离开店铺而前往下一个店铺选购。

到底是什么原因造成这样的结果呢？其实原因很简单，当顾客询问有没有适合自己的商品时，销售顾问在未进行任何询问的情况下就主动推荐了几款，顾客很容易会认为这几个款式就是销售顾问认为店铺当中最适合自己穿着的，"**如果销售顾问认为最适合我的这几个款式我都看不**

第一章
销售话术中的攻守策略

上的话，其他的款式也就没有必要多花时间去了解了"，很多时候这就是顾客最简单而且直接的想法，也是顾客速速离去前往下一个目标的原因。

销售顾问一定要慎重地面对顾客所说的每一句话，顾客问"有没有适合我的外套"代表的是顾客从心里认为"以你们的专业，应该会知道我需要什么，应该知道我适合什么样的外套"。但是事实上每一个人的审美观不一样，穿衣习惯也不相同，要两个不同的个体在瞬间产生相同的认知是非常困难的，毕竟我们都不是顾客肚子里的蛔虫，无法以第一眼的直观感受来判断顾客的喜好。因此，在销售过程中"**我认为你应该知道我要什么样的外套**"跟"**我用我自己的认为去理解你应该适合的外套**"二者之间产生了认知上的冲突和矛盾！

其实有时候最笨的方法也许就是最好的方法，销售顾问首先应该放下自己主观的认知和多年的专业，把自己的主观认知和专业当成是辅助资源而不是主要资源，然后主动询问顾客"请问一下您是想要看稍微偏休闲一点的款式还是偏商务一点的款式呢？""请问一下您是想要短款还是长款的呢？""请问一下夹克款您喜欢吗？"……多几个问题以收集顾客的信息，**千万不要把顾客的"我认为你知道"理解成是"我已经真正的了解"**，否则推荐商品的方向十有八九会出现一定的偏差！

图 1-3　不要用自己的认知来判断顾客的喜好

品顾客之语，明顾客之心！**顾客的语言是需要我们去"品"，去琢磨、仔细玩味的。**所谓的"品"就是深度的换位思考，如"如果我是顾客，我可能的想法有哪些？"，"如果我是顾客，我可能的意图是什么？"，"如果我是顾客，在什么情况下我会出现这些语言？"等等。通过这样的自我训练，销售顾问才能够慢慢地真正听懂并掌握顾客语言背后的想法、意图以及顾客想要表达的到底是什么！

言多必失，欲速则不达

我们在销售现场经常会发现，现在的销售顾问在销售的技术上有两个常见的问题可以稍做调整，其一是"说的多、动手少"，其二是"说的多、问的少"。

- **销售顾问："像这个款式很容易搭配衣服，下面可以搭牛仔裤、打底裤……都可以的！"**

许多销售顾问在终端现场工作的时间越长，其动手能力（如主动取衣让顾客试穿，帮助顾客挑选搭配的衣服、鞋子、饰品，在试衣镜前帮顾客整理衣服等方面）不但没有因为长期工作的积累变强，有时反而越变越弱，越变越被动，越来越少让顾客直接通过视觉感观去体验穿上身及搭配的感受，而过度地依赖语言上的描述和表达来促成成交。

造成销售顾问"动手少"的原因有以下三点。

猫尾巴式的思考

其一：可能思想不够强烈。

"顾客不一定成交"，"即使给顾客拿了衣服、搭配试穿了，顾客也不一定会买，所以干脆不用拿也不用试穿，直接用讲的比较省时、省力一些，免得白跑一趟"等思想造成动手少。**"我拿了你才有可能要，而不是你要我才去拿"** 的观念大家都明白，只是到了实际的销售现场，大家却

第一章
销售话术中的攻守策略

没这样做!

其二:缺乏主动意识。

"销售顾问缺乏这方面的意识和技能",许多销售顾问进入店铺后,未经过任何销售技能的培训,对动手取衣、让顾客试穿衣服这些行为缺乏指导和帮助,导致销售顾问缺乏积极主动地拿衣服给顾客试穿的意识。

其三:疲惫之下的懒惰。

"懒",这种状况大多是由工作疲惫所造成的,销售顾问在终端现场每天都是站一整天,因体力上的高强度付出而产生疲惫感是可以理解的,但是长期过度依赖语言销售的行为和习惯也容易形成恶性循环。在大多数情况下,如果顾客没有产生任何视觉、触觉感受,单纯依靠销售顾问的语言解说是很难促成交易的。成交量不多,业绩不好,销售顾问的激情每况愈下,动作自然就越来越少了!

图1-4 "光说不动"的销售场景再现

"没有感受就没有销售",就顾客的感受而言,视觉、触觉的力量都远远高过于听觉,因此要避开动口不动手的误区。聪明的销售顾问就应

该懂得以下几点道理：

猫尾巴式的思考

其一：我们的收入是来自"销售"而不是"自然销售"；

其二："有效的努力"比"努力"更重要；

其三：所谓的捷径其实都是一些我们早就知道的笨方法；

其四：顾客的感受越强所反映出的问题越少，顾客的感受越弱所反映出的问题越多；

其五：好的销售顾问不是靠领导管出来的，而是自律出来的；

其六：沟通能力越强的顾问越要避开动口不动手的盲点；

其七：销售不是靠蛮力，而是要借巧劲。动嘴虽易但成交难，动手虽累但效果好！

言多必失的道理是每一个销售顾问都要谨记在心的原则！

- 顾客："有没有其他款式？"

如果顾客在销售顾问推荐了几款商品之后说出了这句话，那么销售顾问就应该分析：是什么原因使得顾客对推荐的这几款不满意而要选择看看其他的款式。其实，顾客之所以会提出疑问一定是对推荐的商品有不满意的地方，所以要问清楚顾客是哪里不满意，"请问一下您是觉得哪里不合适？"。此时先让顾客说出他不满意的地方会比乱枪打鸟的继续推荐更重要，千万不要误以为赶紧再推荐其他款式就是在促成成交，因为一味的推荐很有可能造成顾客的连续拒绝，到最后只剩下"你们的款式就只有这些吗？"，"没有其他的款式了吗？"，而销售顾问只能回复"差不多就这些款式了"。销售进行到此时，很容易造成以下局面：顾客不满意而失望地离开，销售顾问也被搞迷糊了，不知道顾客到底要的是什么，成交离自己越来越远，挫折满怀！

- 顾客："哪个卖瓜的不说自己的瓜甜！"

这句话包含了多层含义。

猫尾巴式的思考

其一：带有一点点挑衅的不信任，其中不相信的成分居多；

其二：我们的瓜到底甜不甜，顾客还没有真正相信，这其中没有挑衅，不过迟疑的成分居多，到相信还差一点点距离；

其三：这是顾客对我们所说的已经无可反驳的自我解嘲，表明他已经相信，不需要再多说了。

最糟糕的情况就是销售顾问不加判断就直接认为顾客是在挑衅，开始义无反顾地做全方位的解释，甚至是做"强势"的解释。如果顾客是第一种情况，那么双方就容易在相互否定的情况下出现剑拔弩张的争论。如果顾客是第二种情况，这样带着无比自信的回答可以让顾客获得比较大的信心。如果顾客是第三种情况，这时候顾客就会觉得尴尬了，因为他的一句玩笑话造成了你们的误解，这种状况对顾客而言就叫做"不解风情"！

销售顾问只有分辨出这三种不同的含义才能做出正确的应对方法。不过要确认这三种含义，从表面的句子和文字上可能不容易判断，这时候就必须要借助顾客的声音声调和表情变化来做出准确的判断。

第一层含义在表述时，通常都是：眉毛向上扬起，声音的尾调容易产生下降或是刻意拉长音的上扬或下降，而表情上容易出现似笑非笑的不屑，总体来说给人一种攻击性比较强的感受。

第二层含义在表述时，通常都是：有怀疑的语气，声音与声调正常，尾音正常上扬，表现出信心不足之下的疑惑，有时容易伴随着皱眉的表情，在发出疑问时头有时还会出现不经意的侧扬。

第三层含义在表述时，通常都是：声音声调展现出开朗快乐，表情放松并且带着愉悦、快乐的笑容，与销售顾问眼神接触时柔和、容易亲近。

因此"说得多不如说得准"，判断清楚顾客到底是想要表述什么含

图1-5 从肢体语言判断顾客的心态

义之后再说,这要比"急急忙忙地说"、"说得多"效果更加明显!

- 顾客:"这款我肯定我穿不了!"

"肯定"这两个字是属于"绝对性"的字眼,在日常生活中除非有高度的把握,否则这样的字眼并不容易出现。因此,顾客一旦在我们的面前说出这样的字眼,大多数时候就表示顾客心中非常确定,就算不说是100%,也接近100%了,对销售顾问而言转圜的空间确实有限!"其实这个款式我觉得挺好,您可以考虑一下","其实衣服挂在衣架上跟穿在身上的感觉是不一样的,您可以尝试看看","这款是我们今年的爆款,很多顾客都非常喜欢的"……这时销售顾问再想凭借自己的三寸不烂之舌说服顾客试穿这件商品的可能性微乎其微。此时,建议换个方向,从其他的款式切入会容易一些。

有时销售顾问要学会的是"放下"这两个字,当我们推荐不成或是被顾客直接否定时不需要有"眼光被顾客否定"的面子问题,也不需要有太多"专业上的支持",毕竟我们是在做销售,成交才是我们最终的目的,而且最终把这个款式穿在身上的不是我们而是顾客,所以我们不需要用"扭转乾坤式"的沟通让自己获得无限的成就感和满足感,甚至向自己的专业技能极限做挑战,试图塑造"反败为胜"的特例,我们需要的是稳稳妥妥的成交,实实在在的业绩,能容易些又何必太过于为难自己!

因此,此时多说无益,不如直接去问顾客"请问您是觉得什么地方'特别'不合适呢?",等顾客回答之后,"我懂了,那您可以把您喜欢的告诉我，我来帮您推荐"，之所以这里要用"特别"这两个字，甚至销售顾问在说话时可以在这两个字上面稍微加上重音，是因为顾客在高度肯定时，一定有某个方面是顾客高度不满意的地方，我们只有把这个高度不满意的地方找出来才能够为自己接下来的销售找出一条安全的道路，以免重蹈覆辙。

销售顾问在销售中一定要记得，千万不要以为嘴巴滔滔不绝地说就代表销售已经在进行，这只是您在将自己的意愿和想法强加在顾客的身上，要顾客被动接受罢了。这种行为充其量只能代表嘴巴正在快速地做运动！**高效销售的前提是"我已经听明白了"，在这个前提之上的销售，才是有意义的，才是高效的销售行为！**

攻未必攻，守未必守

"攻未必攻，守未必守，快未必快，慢未必慢，进未必进，退未必退，时机的掌握而已。否则误以为攻却非攻，误以为快却非快，误以为进却非进，徒劳无功，实则时机掌握正确则易成，时机掌握不正确则易败"应铭记于心。成交之道在于"攻则当攻，守则当守，快则当快，慢则当慢，进则当进，退则当退"，成败只在刹那间决定，然攻守、快慢、进退之间的时机如何权衡？

当顾客在试衣镜前表达出"还不错"，"还行"等正面肯定的信息时，"攻"的时机就已然成熟，此时不攻更待何时！

当顾客表达出"这颜色我不喜欢"等不满意的讯息时，此时攻则无劳，静守为上，强攻则易招怒，易与顾客之欲背道而驰，问清楚之后再寻求转进之道是为上策！

当顾客开始连续"杀价"时，表示顾客心中已有确定的目标，价格已然成为最后一个纠结因素，因此销售顾问不应在价格上继续与顾客纠缠，应迅速寻找适合的切入点尝试邀请顾客买单，"快刀斩乱麻，当快则快"！

图1-6 顾客沟通墙

当顾客表现出与销售顾问之间有强烈的距离感时则应当慢,快则易加速顾客的逃避与远离,变成"你进我退"之局。比如,顾客与我们交流时一直保持相对远的距离,说话时身体微向后倾,或是你进他走、你跟他逃,都代表有一定距离的心防。急则乱,销售顾问乱顾客亦乱,此时应放缓脚步聊聊非销售类话题或多说点赞美之言释放善意,化解冰山之后才能有所为!顾客刚进店时是最需要建立安全感的时候,给顾客一点自由选购的时间与空间,此时进不如退,退守等待,**找准顾客有明显的触摸或驻足等动作再进,此时的退未必退,未有接近时机产生时的冒进,看似进却未必进!**

在这进退攻守之间销售顾问除了要把握恰当的时机,在对的时间做对的事情之外,还要坚持"积极但不躁进"的原则,而所谓的"积极"指的是销售顾问对于成交结果上的追求,对于成交所抱持的思想,对于困难有着不妥协、不放弃地精神,乐观进取,但不是拼命说,拼命推荐,只说自己想要说的但却未必是说顾客所喜欢或想要听的,不抬头、不思量地埋头苦干,还自认为积极努力,问心无愧!

而所谓的"不躁进"指的是销售顾问对销售过程的按部就班,对顾客消费心理要有所把握,并且要懂得透过分析去接近顾客的心,接近顾客的需求。要谨记**做得对、说得对比做得快、说得多要重要**,因为做错

第一章
销售话术中的攻守策略

不如不做，说得不好还不如不说。其实在销售过程中有两件事特别重要：第一，在什么时间点上说什么很重要；第二，在表达同样的意思时怎么有逻辑、有道理地表达也是很重要的，甚至有时候表达的方式比内容更加重要。比如"抽烟不好"，"肥胖对健康不是一件好事"这些道理大家都知道，而许多人劝别人戒烟或是减重时的出发点也都是对的，但是因为每个人的表达方式不同，当同样的意思传递到对方心里时，结果却可能有天壤之别！

- 顾客说："你们的新款在哪里？"

销售顾问应该去询问顾客的需求，比如："我们这两天的新品刚刚上市，请问一下您是想看上装还是下装？"，而不是立马指向新款的方向并且开始推荐自认为顾客可以接受的多个款式，如果我们介绍的是上装，说不定顾客要的恰好是下装。媒婆帮人相亲，作为媒婆却不问需求、条件就开始依自己的意愿配对，还自以为功德圆满，这就是躁进。

- 顾客说："我之前买过你们家的羽绒服，跑毛跑得比较严重！"

销售顾问应该去询问顾客所遇到的实际状况，比如"请问一下，您是多久以前购买的商品？"，"请问一下您所说的跑毛比较严重具体是怎样的状况？"。先弄清楚，到底是正常现象还是特殊状况？先弄清楚，而不是急于解释"应该不会的，我们的质量很好，从来没有顾客跟我们反应过这类的问题"。领导对下属的业绩提出警告，下属不做自我检讨，却立马推脱逃避，最后的结局可想而知，这就是躁进。

图1-7 处理躁进的步骤

- 顾客说："你们的款式好土！"

销售顾问应该先以理解顾客的想法作为过渡，比如"是的，您现在

看的这些确实是我们比较偏大众一点的款式……"，而不是马上解释企图扳回局面，同时还坚决地维护个人对品牌的自豪感，其实顾客认为土一定有他的道理，这种认为没有对与错。钱在顾客口袋里，掏与不掏由顾客决定，所以与顾客在土或是不土的问题上较真并不是一个聪明的做法。当朋友对我们提出批评时，我们不问原因就开始解释反击，企图证明对方的观点是错误的，最终无人愿意在身边作为我们的良师益友，这就是躁进。

- 顾客说："如果一点折扣都没有的话，我一件都不买！"

销售顾问应该理解、贴近顾客的情绪，然后对强化商品的特点，比如"真是不好意思，其实最重要的是您穿起来好看……"，而不是马上对顾客表达出"不可打折"的坚定立场，企图以此彻底打消顾客对于打折的小小梦想，跟顾客之间竖立起一堵坚不可摧的墙，结果忽略了顾客过不来而我们也过不去的道理。交流的通道一旦封闭，我们也无法再继续对顾客进行影响，最后就只能靠顾客自己考虑要还是不要，这样就是自以为进，实则为退。

在销售现场里，销售顾问要能敏感地察觉，当顾客说出："没关系我自己看就好"，"我只是随便看看而已，不用管我"，"我再看看吧"，"你去忙你的吧"，"你去照顾别人吧"这些语言时，常常都是我们的躁进导致的。如果这时候销售顾问用"现在的顾客本来就很难搞"，"现在的顾客都不会在一颗树上吊死，都想多看看多比较"，"现在的顾客都很有自己的想法"来自我安慰，那么**真正的原因就会在我们自我安慰的理由下隐藏的越来越深，越来越不容易被发觉了**。面对自我成长，我们需要的并不是自我安慰，而是自我觉察、自我反省！

所以大多数时候，销售人员要能学会理性地控制自己当下的第一反应，绝对不能放任自己用人类直觉的本能反应去面对顾客，因此销售除了是一门心理学之外，也是一门必须要经过严格自我训练之后才能掌握其门道的学问，要严以律己才可成。否则**面对外在挑衅时的本能反应就是急于反击，面对对方抱怨时的本能反应就是急于解释，面对即将失去时的本能反应就是急于挽回，面对直接批评时的本能反应就是急于推托**，

第一章
销售话术中的攻守策略

面对眼前威协时的本能反应就是急于抗拒,这些人类的本能反应对销售常常只有阻碍,没有一点促进的作用,最终只会得罪顾客,损人不利己。"此处不留人,自有留人处",当顾客消失在茫茫人海时,再要想找回来,剩下的就只有后悔和无奈了,尤其我们身处于买方市场的年代,稍一放纵自己可能就与业绩擦肩而过了。

知所进退,方有略

先要知道进退的因由,然后才能有最佳的应对策略。无知者虽然无惧,一副勇者无敌的样子,什么都敢说什么都敢做,甚至是振振有词,但是要得到圆满的结果就犹如上青天。在销售中,有勇无谋大多时候是行不通的,而且有勇无谋的振振有词常常只会导致顾客的托词,甚至是唇枪舌战,结果显露出个人的销售素质而不自知。销售里讲求的不仅仅是过程,更在意的是结果,除了成交之外还讲求成交率、客单价、连带率,并不是单一的评估标准,因此要得到最佳的成绩就要讲求对应的策略执行,而讲求策略执行之前就一定要先知其因由,而要知其因由,自然就要有一定的思考、分析和总结。

当顾客说"我'以前'买过你们家的衣服,质量根本不行"时,首先一定要保持平常心而不自乱阵脚,要在心里告诉自己"人无完人","吃烧饼就没有不掉芝麻的"。其实顾客的这句话有可能是真,有可能假,也有可能只是为最终的杀价作铺垫而已,顾客的意图是必须要经过分析、测试和确认的。因此在还没有弄清楚之前,绝对不要马上回应"不会呀","应该不会吧","我们的质量很好的","从来没听过顾客这么说"等类似的说法,否则会给人"此地无银三百两"的感觉,甚至暗示顾客"在芸芸众生当中,你是最倒霉的那一个",最后反而更增加了顾客较真的"企图"。当然也不要自曝其短,"我们今年的工艺跟去年不一样","今年的质量您放心","去年确实有这样的问题发生,有顾客也跟我们反映过","以前我不知道,我是

新来的",这几句话的意思就是去年我们的质量确实有问题,不过今年已经做出了改善。对销售顾问而言,说这句话的意思就是希望取得顾客对今年商品的信心。

猫尾巴式的思考

其一:明知故犯。

如果你们明明知道去年的商品有问题还继续销售,或是在发现问题之后对已经购买的顾客没有做出弥补性的错失,这样的处理方式就是一种不诚信的做法。

其二:抓住机会,从抱怨升级到投诉。

顾客可能会想:既然去年的商品有问题,你们是不是应该现在先为我处理去年商品质量所遗留的问题,而不是现在继续销售产品给我,总不能让我大度地把你们去年的错误一笔勾销,拿我的钱和信任开玩笑!要知道,如果这时候让顾客抓到了一点点的小辫子,那么接下来要处理的可能就是大状况了,因为顾客极有可能从原本简单的顾客抱怨升级到严重的顾客投诉!

首先,我们要分析顾客今天过来到底是来做客户投诉的,还是只是简单的随口抱怨、或是购买商品。这两种状况的处理策略完全不同,如果顾客今天是来投诉的,他可能出现以下几种行为。

猫尾巴式的思考

其一:把破损的商品直接带过来要求现场处理;

其二:态度大多数是不友善的而且带着一定的负面情绪;

其三:严厉指责的语气和口吻,并且不依不挠地要求承诺处理,没有承诺处理誓不罢休;

其四：极度扩张事态的架势，唯恐天下不乱的态度显而易见。

如果顾客的态度如此，那么他就真是来投诉的。在这种情况下销售顾问应该马上进入到客户投诉的流程，不可有丝毫拖延。如果在自己的权限内处理不了，一定要赶紧上报，让上级来进行处理。

如果顾客抱怨的语气不重，之前的商品也没有带在身边，进店之后也没有立即主动提出商品问题，只是在跟销售顾问聊天的过程当中顺口提及，那么顾客今天进店的主要目的就不是商品投诉而是购买商品，而顾客抱怨也只是希望借此为自己做好杀价的铺垫。因此，遇到这种情况能淡化就尽量淡化，千万不要找自己的麻烦，应对的策略如下。

步骤一：简单询问

顾客既然已经提到这个问题，对销售顾问而言不关注是不行的，而过度关注也不行。不关注会让顾客感到不被尊重，这样反而会调动负面情绪，而过度关注容易把小事化成大事，增加问题处理的难度。所以建议的方式是可以问三个简单的问题，比如"请问一下，您是多久之前买的商品？"，"您当时买的是哪一个款式？"，"当时出现的是什么状况？"，这里所举例的问题并不是唯一，销售顾问不要死记硬背，可以依照自己的习惯去组织自己的问题表。但是销售顾问要注意以下几点。

猫尾巴式的思考

其一：有限的问题。

问题不要过多，过多的问题容易变成过度关注而让自己身陷泥沼，反而把顾客退换货的希望逐渐调动起来。一旦欲望被燃起，后续就会更难处理，可怕的是这把火还是我们自己点燃的。

其二：让其发泄，但不帮其解决。

要坚定一个信念，向顾客询问就只是要让他把不满的情绪通过说

释放出来,以利于接下来进行销售,而不是真正要帮顾客解决,因为对于过去商品的质量问题的真正原因到底是什么我们确实很难从顾客的嘴中获得,大多数的顾客只会把因素推到厂家身上而不会揽在自己的身上。

其三:无处理权限,就不要给对方希望。

如果顾客的商品是去年购买甚至是更久之前的,我们就要知道,对于这一类的商品我们根本没有退换货的处理空间和权限。既然没有处理的权限,就不要主动过度关注,因为一旦过度关注就让顾客燃起了希望,但最终告诉顾客的是无法处理,这样的做法更容易导致顾客恼羞成怒,点火的是我们,泼冷水的也是我们。就像男女交往一样,既然一开始就不喜欢对方,知道相处也不会有结果,又何必创造出让对方感觉很有希望的假象,当对方真正投入之后又跟对方说没有希望,岂不更糟。

步骤二:模糊带过

此时的模糊带过要谨记两个原则:一是越简单越好,千万不要多做解释,结果只会越描越黑;二是快速过渡,不要让顾客的焦点集中于此,结果错以为我们要为他提出解决方案。因此,最简单的处理方式就是,"真的不好意思,不管是不是我们商品质量的问题,让您不开心我先表示抱歉"轻描淡写带过,毕竟顾客今天主要是要来购买商品而不是专程来做客户投诉的,所以不必在这一点上多做解释。销售顾问要注意的是,千万不要说"真的很抱歉",更不要说"真的很对不起",因为"抱歉"就代表我们有错,而"对不起"三个字承认错误的意味更重。对于顾客而言,既然厂家有错的话就要做出一定的弥补,这样会提醒顾客维护自身权益的意识,反而会让接下来的局面越来越难处理!

步骤三:未来承诺

顾客在遇到商品不满意的情况下还来购买我们的商品,这样的动作意味着两种原因:

第一章 销售话术中的攻守策略

猫尾巴式的思考

其一：依然有购买的理由。

不管造成问题的原因是什么，顾客对我们的商品依然抱有购买的兴趣，所以顾客仍然愿意继续上门。

其二：问题可能是自己造成的。

顾客所说的质量不好，其实也有可能是顾客自己洗涤、晾晒、收藏处理不当所造成的，但是事实上的原因是什么，我们可能很难得知，也无从判断，只能让其静静地石沉大海。

既然如此，不如把过去的问题一笔勾销，给顾客未来的承诺，让顾客重新点燃消费的信心，"不过您放心，我的名字叫……，星期一到星期五早上十点到下午五点我都会在店里，以后如果您有任何问题都可以来找我，如果您不方便的话，也可以给我电话我过去帮您处理都行，只要您方便就好"，除了给顾客信心之外，同时以个人的优质服务作为承诺给顾客一种负责任的态度，让顾客在安全的心理状态下转而开始选购商品！

其实顾客的抱怨并不是真心想要我们做出什么样的处理，如果真要我们处理的话顾客可能直接就把商品带到门店里来，顾客的心态很简单，有以下两点。

猫尾巴式的思考

其一：无非是希望在今天的购买中我们可以多给点优惠作为补偿，或者多给些赠品，只要多赚就好；

其二：希望对于接下来的购买可以多些承诺、信心，过去的问题已然过去，未来不要再发生就行。

步骤四：询问需求

转移话题，转移焦点，在承诺给了顾客信心之后，迅速将顾客的注意力转移到今天购买的主线上，而最简单的办法就是问一个问题，"请问一下，今天过来主要是看上装还是下装？"，"请问一下，您就是喜欢这个款式吗？"，"这个款式我拿下来让您试穿一下？"。因为顾客本来就只是的抱怨一下，再加上我们已经表现了抱歉和承诺，这时候一个问题很容易就可以把之前的话题结束，重新展开一段新的销售旅程。

总结：

处理结构：三问减压 + 模糊带过 + 未来承诺 + 询问需求

处理参考模板：

- "请问一下，您是多久之前买的商品？"，"您当时买的是哪一个款式？"，"当时出现的是什么状况？"。

- "真的是不好意思，不过您放心，我的名字叫……，星期一到星期五早上十点到下午五点我都会在店里，以后如果您有任何问题都可以来找我，如果您不方便的话，也可以给我电话我过去帮您处理都行，只要您方便就好！请问一下，您就是喜欢这个款式吗？"。

在这整个案例当中，"以前"这两个字是整个处理策略制订的关键字眼。其实当"以前"这两个字出现时，一个经验丰富的销售顾问几乎就可以确定事件并不是在近期内发生的，因为如果是在近期内所发生的状况，大多数顾客会用"上个月"，"上星期"来表述而不会用"以前"这两个字。"以前"这两个字通常都是代表了一段时间以上。先大致判定事件发生的时间，对我们后续的处理策略有一定的帮助。比如，如果时间是去年甚至是更久以前，销售顾问基本上没有任何处理权限，因此这时候要想办法做的是转移而不是想办法为顾客处理。

知所进退，销售顾问最重要的就是能不能做到先"知"，因为要**先有**

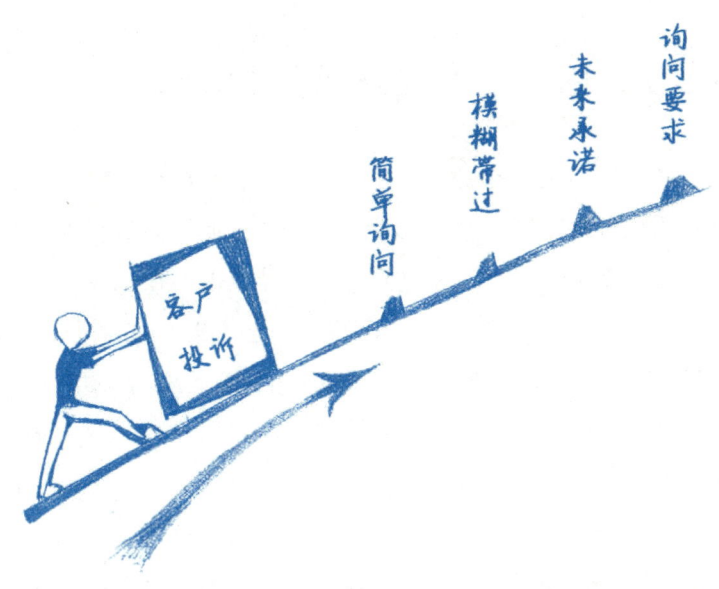

图 1-8　顾客投诉处理步骤

"知",才能有其后的"进退"之法,不"知"则毫无章法,无"进退"可言。因此,销售顾问要能敏感地捕捉顾客说话时所采用的一些关键字眼,从这些关键字眼上去分析顾客的心理状态,因为顾客所用的每一个词汇都代表着顾客潜意识里所隐藏的真正想法,是顾客无意之间所透露出来的蛛丝马迹。

销售顾问一定要相信,**顾客会有所隐藏,但是不管怎么隐藏,都不可能做到完全的滴水不漏,一定有迹可循**。只要销售顾问叫醒自己的耳朵去听,用心去品,就一定能够听到令人雀跃的端倪出来。

错事不可惧，错事结正果可惧

关于"习惯"这两个字，在销售中最适合用"水能载舟，亦能覆舟"这句话来自我提醒。这"习惯"中包含了自己从经验法则里所养成的习惯，我们学习他人行为和经验之后所养成的习惯以及被同化于环境中的大多数人而不自知的习惯。我们的一些不好的习惯往往**"根深蒂固"，可怕的并不是"无法自拔"，而是"不知自拔"**，无法自拔是知错但无法拔起，不知自拔是根本就毫不知错所以对自拔没有意识。无法从第三者的角度来审视自己，发现问题并寻求解决办法，从而可能出现屡错屡做、屡做屡错的销售困境。

"什么错误最可怕"，我听过各式各样的答案，"错不自知"，"知错不改"，"错的以为是对的"，"错的以为是对的，而且还很努力"，其实**我觉得"做错了事却得到了对的结果"才最可怕**。这就像小时候分不清对错时偷了别人的东西却得到了大人的赞美一样，因为对的结果会验证自己没有错，甚至为我们的行为加持，再加上人类本身拒绝改变的天性使然，容易自我暗示更加坚持自己的所知、所做是正确的，结果执迷不悟！"我以前一直都是这样做的"，"我这样做最后顾客也都买单了呀"，却不知道"以前"不等于"现在"，而"以前"未必一定正确，做错也未必一定得到错的结果。

就像前面所举的案例，销售顾问说"不会呀"，虽然这句话会产生种种负面暗示，但是这句话讲完之后，最终仍然有成交的顾客。有的顾客说"这个颜色我不喜欢"，虽然顾客已经表达出了个人的喜好，销售顾问却仍然以自己的主观想法坚持说服顾客这个颜色适合他，最终确实也有顾客被改变意愿而购买。也有的顾客说"还有没有其他的款式"，但经过销售顾问一轮强压式的沟通之后，最终还是有顾客被说服愿意尝试这个款式。还有的顾客说"哪个卖瓜的不说自己的瓜甜"，虽然是错误的处理方法，但是因为顾客确实喜欢、需要我们的商品，所以还是咬牙买单了。

虽然做法和说法上存在问题，但是最终却也达成了成交的结果，销售顾问的努力并没有白费。这样的成交就叫做"做错了事情，却得到了对的结果"。

图1-9　销售场景模拟图

举个生活上的例子：

- 太太说："我肚子饿！"
- 先生说："我煮碗面给你吃！"
- 太太说："可我不想吃面，天天都吃面！"
- 先生说："我煮的面很好吃的，只有老婆才吃得到的！"
- 太太说："那好吧！"

最终太太还是把这碗面吃完了，先生自认为太太就是喜欢吃他煮的

面,甚至洋洋得意,但是对于这一碗面太太究竟是不是真的吃得很满意,有时候真的就不得而知了。在中国的社会里"给面子"这种事情不管是在生活中、人与人之间的相处中或是在销售中都时而可见。比如,不想拒绝对方的热情,不习惯用过于直接的语言否定对方,甚至不懂得开口拒绝而用含蓄的语言躲避等这些行为表现,容易造成对方以为你满意、接受的假象!不过可以预知的是,如果太太心中并不乐意吃面,还是比较愿意吃饭的话,那么先生一直将自己所喜欢的面强加给太太的行为很有可能在某一天就遭到直接拒绝,因为先生忽略了太太婉拒的语言,也忽略了吃了并不代表喜欢、满意的道理!

可怕的是,万一有一天太太直言拒绝了,甚至有了抵触的态度,先生心里的想法有可能就是"我以前一直做面给你吃,你为什么不早说?",其实太太并不是没有说,而且说了不止一次,但是都是用含蓄的表达方式来说的,所以先生在主观意识的影响下虽然耳朵听见了但是心却听不见,心里只听得见自己的声音却听不见他人的声音。

其实这个生活中的案例与销售场所大相径庭,太太与顾客之间的差异就是太太不能因为不喜欢吃面说走就走,而顾客就没有这一层的顾虑和限制,如果一旦让顾客感觉不舒服的话,顾客可以说走就走,一点面子都不用给,更糟糕的是有可能以后光顾的可能性都大大降低了!

其实,在日常生活中,销售顾问可以通过扮演一个"有意识的顾客"来真正了解顾客的内心感受。而所谓"有意识的顾客"指的是,不要在逛街的时候只是单纯扮演"顾客"的角色,完全沉浸在购物的乐趣当中,而是要以"销售顾问+顾客"的双重角色出现在所有的卖场,这样就能随时在购物的过程中察觉自己心里喜、怒、乐的心灵微动。在"喜"的时候要问自己为什么"喜",是因为听到了什么或是看到了什么,而在"怒"与"乐"的时候也要问自己为什么"怒"与"乐",是因为听到了什么或是看到了什么。

大多数人的学习都是由外至内,通过书籍、培训等外在的途径来提升自己,而往往忽略了所有发生在我们身边的事件,其实它们也可以给我们较大的帮助和提升,只要我们多加思考,这种由自身而得到的收获

第一章
销售话术中的攻守策略

及记忆更加深刻。我们的心情的起伏跌宕一定是由一个或多个外因出现所导致,只要能静下心来找到这个外因,深深地去体会和研究,就一定能找出个中因由。其实这种心情的起伏有时可能就只是单纯的因为一句不经意却经常出现在我们耳边的话或者是一个词语,甚至是一个我们自己也经常对他人使用的词语。**一个聪明的销售顾问不是通过自己的错误来修正自己,而是用别人的错误来修正自己**,只要能扮演一个称职的"有意识的顾客",就可以让所有的专卖店都变成学习的场所,用他人的不足来为自己的成长铺路,用他人的业绩流失来为自己补上技术与能力的缺口和漏洞。其实学习无处不在,用他人的不足来成就自己,要明白"自己就是自己最好的老师"。

儿:"爸,我今天被老师处罚!"

黑社会老爸:"嗯!老师为什么处罚你?"

儿:"我也不知道。"

黑社会老爸:"老师处罚你一定是有原因的,说来听听怎么回事!"

儿:"上课的时候老师问我2×3等于多少?"

黑社会老爸:"那你怎么回答?"

儿:"我说等于6呀!"

黑社会老爸:"对呀!没错呀!"

儿:"后来老师又接着问我,那3×2等于多少?"

黑社会老爸:"3×2跟2×3不是一样的吗?"

儿:"对对对,我就是这样跟老师说的,而且一个字不差!"

黑社会老爸:"&@%%!@**!∧@……"

一个人的错误最终影响的是一个人,但是错误一旦经过复制,那么错误的面积可就大到无法估计了!

第二章
关键词解读顾客内心

第二章
关键词解读顾客内心

当一个消费者心里的想法不同时，所用的语言和说词就会有一定的差异和变化，因为大多数的消费者并没有接受过专业的谈判训练，所以在用词方面会比较依赖过去的习惯，通常是按照自己心中真实的想法来表达，用直白的话语来说就是比较不懂得隐藏自己，结果让对方一眼就看穿自己。其实在短暂的几秒钟的表达中，大多数的消费者确实很难做到方方面面的考量，而不让对方有所察觉。即使顾客真要有所遮掩、隐藏，也可能只是在语气、声音声调上做些刻意地改变，比如说着急的时候刻意地将语速放慢，或是把声音声调放轻或放缓。但是在遣词用字上如果要做到遮掩的话就会比较困难，因为这需要长期的对语言文字的训练，知道每一个字眼所代表的含义才可以做到。一般的顾客是很难做到的，其实作为一个顾客也确实没有必要为了买东西而刻意这么做。

比如，"我不喜欢"与"我讨厌"两者之间对于不满意的程度就有一定的区别，不能一概而论。"不喜欢"代表的是某部分而不是全部，对销售顾问来说还有一部分推进的空间，而"讨厌"基本上就是厌恶，比较偏向于全盘否定，所以推进的空间可以说是微乎其微。至于销售顾问听到这样的话之后是否还要在同一商品上继续努力推进，那就需要仔细斟酌一下了。

比如，"还行"与"还行吧"之间就多了一个"吧"字，看起来好像差异并不大，很容易让人忽略掉，而大多数人也不会在这个字上做过多的关注和分析，但是事实上这个"吧"字蕴含的意思还是挺丰富的，它的存在与否与顾客对于商品的满意程度有一定关联。"还行"表示的是肯定的，满意程度比较高，而"还行吧"表示的是基本上满意，不过还存在某些不足之处。如果这些不足之处没有提前给予妥善处理，可能这个"吧"字隐含的心理就是最后顾客纠结而不愿意下决心买单的关键。

其实顾客口中的这个"吧"字可能代表的仅仅是对衣服拉链不满意,或是对衣服口袋的设计有点不喜欢,或是对长短有点不合心意,或是对收腰的效果期待更高等。这些情况都是可能存在的,这就需要销售顾问在听到这个字眼的时候提早做好心理准备,能尽早预测顾客动向,以防万一!一旦到了成交环节才发现这些问题,可能就为时已晚了。

其实不同的字眼可以推敲出顾客不同的心态、企图和想法,销售顾问若懂得对这些关键字眼加以重视并进行分析、总结,就可以更深层地了解客户需求,制定适当的应对之道,精准地解决顾客的各种疑虑。**重视才会去关注、思索,不重视就算天天出现在耳边,也不会有任何感觉,更不知它们存在什么样的特殊价值**。那么视而不见、听而不闻的现象就时时可见,天天追求销售技能的提升却不知这些技能近在咫尺,天天抱怨顾客越来越难搞定,却不知搞定顾客的策略早已从他们暗示的话语中突显出来,只是销售顾问没有察觉和关注!

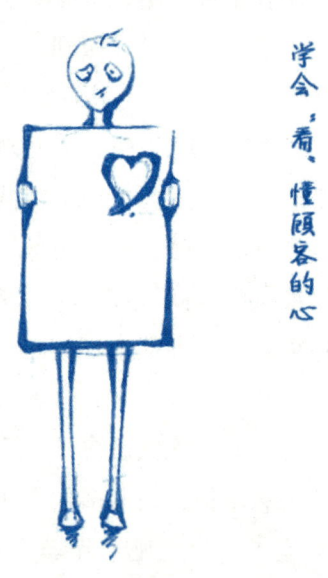

图2-1 学会"看"懂顾客的心

总结:旁人的意愿不见得是顾客的意愿,顾客的意愿才是意愿,最终的成交不是来自旁人的意愿,而是来自顾客的意愿!

第二章
关键词解读顾客内心

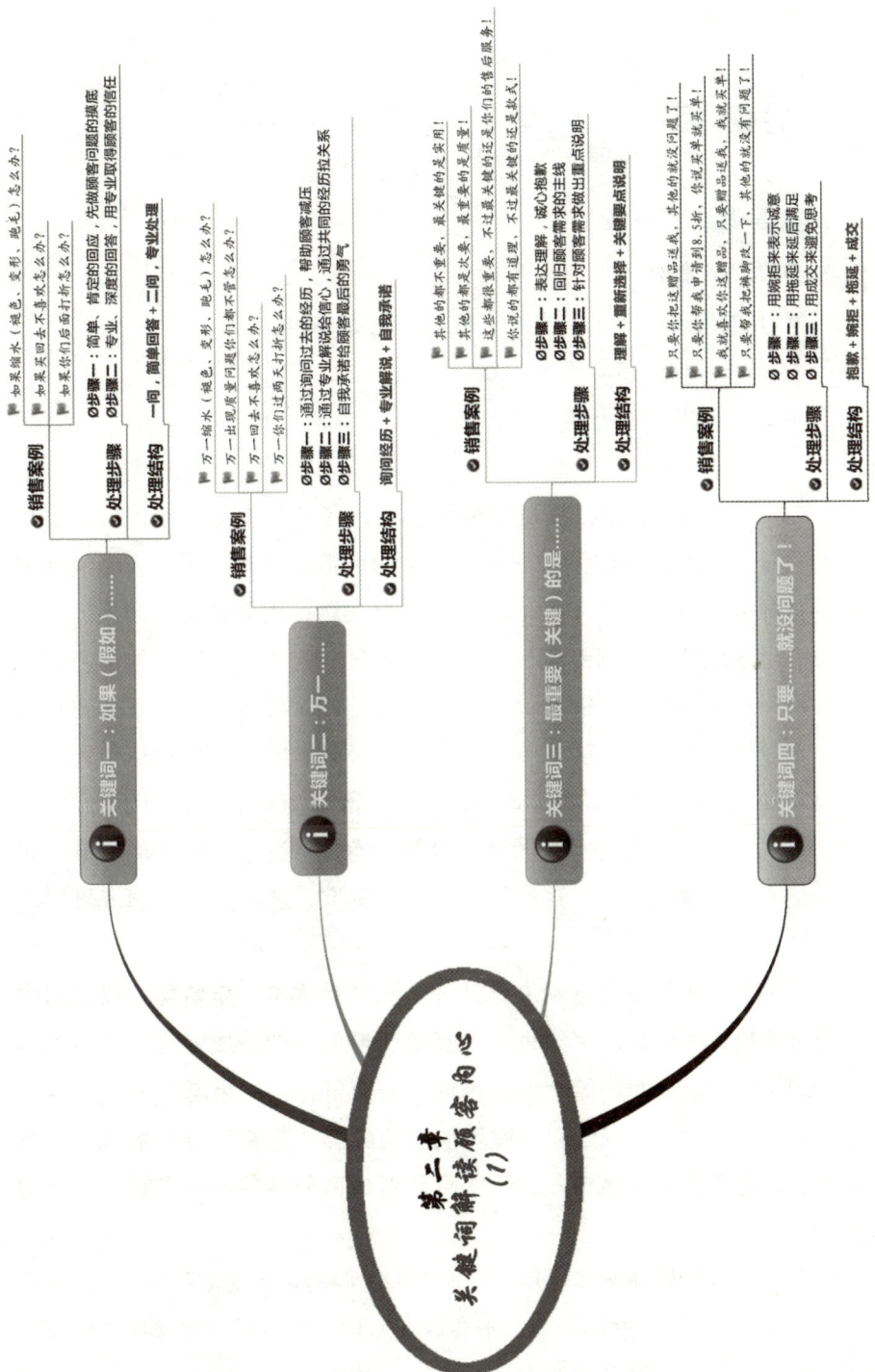

关键词一：如果（假如）……

重要等级：★★★

销售现场案例：

- 如果缩水（褪色、变形、跑毛）怎么办？
- 如果买回去不喜欢怎么办？
- 如果你们以后打折怎么办？

"如果"和"假如"都是一种假设词，在日常沟通所使用的语言中它们只是一般的使用词，而不属于严肃的词汇。通常情况下，当消费者用到这样的词语时，并非真正纠结于这个问题，而只是随口问问，他们并没有过多地期待得到专业性的答案，而只是需要一些简单的信心和承诺，所以销售顾问并不需要大费周章地去处理这件事情，也不需要在专业上太过于考究，可以随意一些，直接给予简单的回答显现出销售顾问自身对商品的肯定和信心即可，比如"这部分您放心，肯定不会的！"，"您放心，不会出现这种状况的！"等等。通常情况下，只要能给顾客足够的信心，顾客就不会在这类问题上过于深究，那么这类问题就可以迎刃而解了。

先本着简单处理的原则进行处理，**既然对方不一定需要，那就不需要提前多给**，因为提前多给也未必有益，反而可能造成困扰。顾客本来要的很简单，只要我们给予他一定的信心就好，但如果得到的是很复杂的服装行业的专业名词解释，**就可能启动顾客"想搞明白"的机制**，本来两秒钟可以解决的事情，这下就可能变成两分钟都不一定能解决完的问题了。

其实，这种处理方式就和平常人与人之间的正常交流一样，"如果你迟到了怎么办？"，"这你放心，不会迟到的！"，只要对迟到这件事情表达出肯定不会发生的信息给对方就行。大多数人如果不是被对方多次迟到所困扰，或是特别关注、在意"迟到"这件事情的话，对于这样的回答也会欣然接受的，而不会要求更多的承诺。

如果顾客心里比较在意这个问题，那么顾客自然就会再次对这个问题提出进一步的质疑，表示对之前的回答不够满意，因此销售顾问除了要有满满的信心之外，还需要一些其他的信息支持，这就要求销售顾问给予顾客更多的保证和说明。比如，顾客说"可是我以前……"，"会不会说的很好听……"，"我没什么信心……"，"可不可能会出现……"等等，这时候销售顾问就应该给予顾客深度的解说，用专业的说法来排除顾客的疑虑，慎重地面对，比如"我们的衣服的缩水率是控制在……以内，所以不会出现您担心的状况！"，"我们所采用的是……的工艺技术以及……工艺技术……，所以您完全可以放心！"。这时候的专业表现以及专业术语的应用就不会让顾客产生距离感，反而可以给予顾客专业上的信心。不过，在此需要给所有销售顾问一个建议：**专业知识不是随便拿出来用的，更不是逢人就用的，而是作为销售顾问在做销售时的坚强后盾，在恰当的时机才充分发挥它的效用，**"杀鸡焉用牛刀"就是这个道理。

另外在此需要特别说明的是，销售顾问不要一遇到顾客提出这类问题就拿出所谓的标准语言模板来回答，将模板在现场使用的力量过度放大、理想化，企图用同样的一句话解决不同人的问题，这样容易导致销售顾问对顾客失去敏锐的洞察力及自我总结和思考的能力。简单的逻辑使不同的人产生不同的状态，不同的状态代表的是不同的需求，既然需求不同，如何用一个答案去涵盖所有？

其实解决问题能简单就不要复杂，不要把简单的事情复杂化，凡事都是一体两面，没有绝对的好与坏。专业的回答虽然可以给顾客专业的感觉，但是从另一方面来看，专业的回答也会失去一些亲切感而增加一些距离感。在顾客不需要专业回答时，让问题在聊天、开玩笑的过程中就化解，让销售显得更加自然一些、生活化一些或许会更好。

因此，解决问题也需要设定步骤，而且只要设定解决的思路就行，

不需要强加对话内容的标准性。太多框框的限制，未必对销售顾问有益，可能会限制销售顾问的发挥。在事前设定简单的解决策略，而不是希望一拳打遍天下。先简单后专业，根据顾客的需要来决定采用的策略，而不是千篇一律。

图2-2　竹竿试水

总结：简单的问题简单处理，复杂的问题复杂处理，可以简单就不要自作聪明地追求复杂，一旦简单的事情复杂化了，就容易为自己设定更高的难度和限制。

处理步骤：

步骤一：简单、肯定的回应，先做顾客问题的摸底

步骤二：专业、深度的回答，用专业取得顾客的信任

处理结构：一问，简单回答+二问，专业处理

第二章
关键词解读顾客内心

模拟作业：

一问：如果变形了怎么办？

二问：很多说不变形但为什么最后还是变形了？

关键词二：万一……

重要等级：★★★★★

销售现场案例：

- 万一缩水（褪色、变形、跑毛）怎么办？
- 万一出现质量问题你们都不管怎么办？
- 万一买回去不喜欢怎么办？
- 万一你们过两天打折怎么办？

"万一"这个词语一旦出现，销售顾问就要打起精神多加注意，千万不要掉以轻心，因为顾客这时候的焦点已经完全集中在一个点上。"如果"是一个人与人之间日常沟通经常使用的假设词，但是"万一"就不是了，这个词语在使用上的严肃性要比"如果"高得多，应该获得的重要程度也不同。销售顾问可以尝试思考一下，这个平常不会被顾客大量使用的词语，一般在什么情况下才会使用到？"万一"这个词语所指的是万分之一，代表的是极微小的几率，顾客如果在购买商品时会担心万分之一的发生几率，那么其背后的心理状态就值得我们去琢磨了。顾客这时候可能的状况有以下几种。

猫尾巴式的思考

其一：是顾客对我们超凡的自信在认同之后开的玩笑，这是一种欣赏并信任销售顾问的表现，所以是好事；

其二：是顾客对于我们的品牌不熟悉、希望尝试但是又信心不足，需要我们再加以强化，所以用"万一"这个词语来表达自己心中的纠结，希望我们理解；

其三：顾客之前曾经有过一些不好的经历，不管是发生在自己身上还是周围人身上，所以对于某方面会显得特别小心谨慎，不过这样的经历未必是发生在我们的品牌，所以这时候也不需要自己对号入座。

心理状态	神情表现
开玩笑	放松开玩笑口吻、面带微笑
诚意、信心不足	严肃认真、眼睛看顾问、"万一"两字语气加重
过往不好的经历	

图2-3 顾客心理分析图

如果顾客是第一种状况，那么伴随着顾客的是放松且愉悦的表情、与顾问之间无距离开玩笑的口吻、欣赏的眼神和相信的态度，给销售顾问的感觉就是大事已定，顾客已经完全接受，没有多余的怀疑，在信任的氛围当中很快就可以走到成交的环节。

如果顾客是第二种或是第三种状况，那么伴随着顾客的就是严肃认真的表情、坚定的寻求答案的眼神，以及在"万一"这个词上的重音强调，甚至透露出些许挑衅的意味，是一种怀疑我们是不是真的可以做到的感觉，并且眼神较为锐利，会给销售顾问一定的压迫感，强烈而且不自在。整体来说，这样的顾客给销售顾问的感觉就是"打破砂锅问到底",凡事怀疑,对于自己所担心的部分有着强烈的不安全感,希望从销售顾问身上索取到让自己安心的答案。说话时具有攻击性,会让人产生想要反击的冲动。

对于这一类顾客,个人建议先不要给答案,也不要给承诺,在顾客高度不安全的情况下,我们给任何答案的意义都不大,因为不管讲得多么有道理,承诺有多少,顾客心中的不安全感都无法从根本上打消,结果徒劳无功,所以还不如彼此静一静、缓一缓前进的脚步,有时不断地在承诺上加码,反而会让顾客产生销售顾问为了成交不择手段的感觉,更容易让顾客认为我们不实在和不负责任。

其实这个道理很简单,举个例子就很容易理解,**当一个人压力、情绪很大时,你会发现这时候任何外在的开导都起不到太大的作用**,不管你说什么对方总是有理由反驳你,最后换来的可能就只有几句我们最常听见的话,"你不明白!","你不懂!","你不是我,你不了解!",白费苦心、多费唇舌最后只会让人听了更加生气,"那你爱怎么样就怎么样好了,随便你!"。

在所有的处理方式中,个人认为最傻的处理方式就是在顾客问到"万一"时,销售顾问自以为有信心地直接来一句"没有万一!",用斩钉截铁的一句话对顾客的提问进行拦截、封锁,顾客一拳打过来,我们则立马一拳打回去。这时候销售顾问可能的想法有以下几点。

猫尾巴式的思考

其一:一次性给足顾客绝对的购买信心,赶紧往成交的路上前进,不愿意在这个问题上再耽搁;

其二:企图透过绝对性的语言立刻结束话题,对"万一"这个词语的重视度不够;

其三:底气不足、心虚之下的自我壮胆,不愿意在这个话题上继续,这时候销售顾问最容易出现的外观表现就是脸红、说话急促、眼睛不敢直视顾客,当然这所有的表现都在顾客的眼底。

其实不管销售顾问的真实想法是什么,用这样的方式处理都是一种赌运气的做法。如果我们遇到的顾客性格较为温和,个人素质较高的话,那真的是一种幸运,他们将不会在这个话题上继续与销售顾问纠缠,因为他们意识到对方已经想要结束话题,再继续下去就会招人讨厌,他们不想当一个无趣的人,就会选择迅速跳过这个话题。但如果我们遇到的顾客性格较为刚烈、较真,他们就可能抓住"没有万一"这句过度自信的话来大做文章,这样产生的结果就是话题不仅结束不了,耽搁的时间还可能会无限延长。

压力来自对方,自然减压的钥匙也在对方身上。担忧来自对方,自然消除担忧的钥匙也在对方身上。这就和一个女人在对家庭、工作有压力的时候会找闺蜜诉说是一样的道理,诉说并不代表她在寻求答案,大多数时候她只是希望通过"说"让自己的压力找到一个宣泄的出口,只要情绪宣泄了、降压了,心情自然也就舒坦了,问题好像也就不严重,顿时海阔天空了。最傻的做法是过度热心,不断地想方设法来开解对方,希望能给对方提供解决方案,把对方的问题当作自己的问题来处理,最后才发现对方根本不需要。让对方"说"其实就是最好的做法,因为"说"不仅仅可以起到减压的作用,还可以起到降低忧虑和担心的作用。

因此,这时候销售顾问可以考虑换一种处理方式,询问顾客,"请问一下,您是不是过去有过类似的经历呀?","请问一下,您担心这个问题是不是因为之前有遇到过类似的事件?","请问一下,是不是您或者您的朋友曾经遇到这样的状况?",通过询问让对方把自己的想法、担忧、不安、恐惧、事件通通说出来,这对于压力的缓解可以起到更好的作用,销售顾问只要聆听并不断地表示理解即可。另一方面,还可以通过顾客把过去的经历告诉我们的过程来拉近彼此之间的距离,在顾客关系上可以有一定的突破。

等到顾客说出来了、减压了、距离近了,再给顾客一定的承诺,"您真的可以放心,因为……,这一点您可以大胆地相信我们!","其实我之前也跟您一样有过类似的经历,不过您放心,我们……,如果您不放心的话，我可以把我的电话留给您！"，这时候的话才没有白讲，口水才没有白流，顾客才能欣然接受。若是在顾客听不进去的时候说，自以为很尽力，其实说什么都是白说，销售一直都在原地踏步，甚至是退步。

我们经常看到销售顾问在面对"如果"和"万一"这两大类问题时，最终采取的解决方式是一模一样的，因为销售顾问并没有意识去深究"如果"和"万一"之间的不同，对这两个不同的词语毫无应有的知觉和反应。不同的用词问题用同样的方法来分析与解决，最终自然得不到想要的结果。因此，销售顾问应该做到针对不同的用词实行差异化的对待，对顾客的不同用词要能够往深层次里去挖掘其背后的含义及顾虑，当我们了解顾客心中真正的想法时，成交就离我们不远了！

总结：不同的用词代表不同的心态，不同的用词应该区别对待，成交的关键往往就在一两个字的细节上，干细活的人不能不注意细节的处理！

处理步骤：
步骤一：通过询问过去的经历，帮助顾客减压
步骤二：通过专业解说给信心，通过共同的经历拉关系
步骤三：自我承诺给顾客最后的勇气
处理结构：询问经历 + 专业解说 + 自我承诺
模拟作业：万一缩水了你们怎么处理？

关键词三:最重要(关键)的是……

重要等级:★★★★

销售现场案例:
- 其他的都不重要,最关键的是实用!
- 其他的都是次要,最重要的是质量!
- 这些都很重要,不过最关键的还是你们的售后服务!
- 你说的都有道理,不过最关键的还是款式!

有一种"最关键"的状况是我们不需要多加讨论的,就是当我们强调某一个重点时,顾客以"最关键"三个字来表示认同,"是的,最关键的就是质量!",这种状况既明白又简单,表示我们的重点和顾客的重点一致,接下来只要继续往下强化就没错了。

而另外一种要讨论的状况就要注意了。这种状况中的"最重要"、"最关键",代表的是高度重视和强调,希望唤起对方的注意。而"关键"代表的重视程度比"重要"这个词更高一些、更严重一些。其实一般的顾客出于人际关系中的礼貌顾虑,并不太容易在销售中出现这样高度强调的字眼,因为这样的字眼有着"警示"、"明确"、"提醒"的意味存在。因此,对销售顾问使用这个词语并不是一种礼貌的表现,除非有几种状况出现,顾客被逼于无奈。

猫尾巴式的思考

其一:"你就介绍几款给我看看,最关键的是简单、好搭配就行!"顾客想要直接向销售顾问明确表达自己购买的需求,避免销售顾问搞错方向,结果浪费彼此的时间。通常这样的表达会出现在销售沟通之初,希望借此一开始就明确方向。这时候

第二章
关键词解读顾客内心

顾客给销售顾问的空间不大，因为一开始顾客就把购买方向限制住了。而这一类顾客通常是比较偏向于商务型的顾客，以中高层管理和自营业主为主，通常一个人逛街购买的比例较多，其中男性比女性的占比要高。因为工作忙碌没有太多时间，所以他们不喜欢拖泥带水，喜欢速战速决买完就走。他们对于时间有着高度的急迫感，让时间无谓地流逝会让其产生急躁和不安。

其二：顾客发现销售顾问所推荐的商品与自己的需求产生了一定的偏差，连续的几次错误造成顾客失去耐心。因此，为了避免销售顾问理解意识不清，同时也避免因自己的表达不清晰造成销售顾问错误的引导，再次强调和表达自己所需要的商品重点，希望销售顾问可以遵循着自己需求与意愿的主线往前推进，不要在不相关的商品上浪费彼此的时间，当然这也是顾客对于销售顾问之前所推荐商品的一种否定态度。

其三：销售顾问一再强调的卖点并不是自己所关注和在意的，比如，顾客在意的是实用，而销售顾问一再强调的是时尚；顾客在意的是质量，而销售顾问一再强调的是款式……。"牛头不对马嘴"的推荐，只会让顾客失去耐心。因此，在自己即将失去沟通的耐心之前，给销售顾问最后一次机会，如果销售顾问依然抓不住解说的重点，自己将放弃在此购买。这样的用词无疑就是给销售顾问下最后的通牒，"我已经半只脚踩在门外了，不是我不给你机会，而是你不懂得把握机会！"

不管是哪种状况，顾客所要表达的真的很简单，就是"避免方向错误"六个字。所以当这些字眼出现时，销售顾问应该即时停下脚步，静下心来回忆一下顾客之前所说过的话，放下主观臆断来思考一下顾客在意的到底是什么，深思一下自己是不是已经掉进了"企图用自己的主观说服顾客的主观"，"想用自己专业的认为盖过顾客之前几十年所养成的

穿衣习惯"的误区里。其实在终端销售现场最忌讳的是销售顾问在整个销售过程中太过于自我陶醉以及自我感觉良好,完全沉浸在自己的认为当中无法自拔,而忽略了顾客真实的感受,最终"**因忽视,结果造成抵触**",让顾客最终必须要以强烈的字眼来表达自己的意愿。

我自己就有过许多次这样的购买经历,我重视的是性价比,不希望价格太高,以实用为主要的购买需求,但销售顾问却当作没有听见,不断地推荐高端款,而且每一件商品的价格都大大超出我个人的预算。当我被逼无奈婉拒对方并且提出价格不合适甚至把自己的预算都告知对方之后,销售顾问依然不断地用"您也不差这一点钱"来说服我,告诉我这一款穿起来有多么高端、大气、上档次,并让我试穿一下看看感觉。最后在无可奈何的情况下,我就使用了这样的语言:"最关键的是实用,高不高端无所谓,你能不能依照我的预算和需求来推荐!"

这时候销售顾问应该放下个人的主观意愿,如"好的,我明白了!","理解!","您说的对!",真正把顾客的声音听进自己的心里并且心存感恩(至少顾客还愿意给我们机会,没有掉头就走),赶紧将销售方向转移到顾客的需求上去,以顾客的需求为主线重新介绍商品,真正体会顾客至上的道理,千万不要再坚持"自己的认为","但是我觉得……","您不觉得……","我还是觉得……",这种说法就是在部队里当兵时经常听到的一段顺口溜"不打勤,不打懒,专打不长眼"。让销售回归到顾客的真实意愿上,"顾客至上"绝对不是用"自己的认为"去服务顾客,而是要以"顾客的认为"去服务顾客,这样才能让顾客真心获得满意。

其实放下自我的主观和专业并不代表自我否定,更不代表自我的主观和专业没有价值;反之,坚持自我的主观和专业,不听从他人的建议也不代表自己真知灼见、高人一等。一个销售顾问的价值来自顾客的满意,要知道每个人都有自己的主观和喜好,我们确实不太可能在短短的十几二十分钟之内改变顾客的主观,毕竟一个习惯是长期养成的,大多数的改变也不太可能瞬间完成,因此顺从是最简单、最直接且最有效的做法。

第二章
关键词解读顾客内心

图 2-4 顾客需求导向图

总结：鸡同鸭讲的销售方式会让顾客失去耐心，我们要感谢顾客在失去耐心之前仍然愿意给我们最后的机会，因为有时并不是顾客没有说，而是我们自己没听进去。

处理步骤：

步骤一：表达理解，诚心抱歉

步骤二：回归顾客需求的主线

步骤三：针对顾客需求做出重点说明

处理结构：理解+重新选择+关键要点说明

模拟作业：现在的衣服，开玩笑，哪穿得了三五年，一两年就已经了不起了，最关键的是款式，款式好看才是最重要的！

关键词四：只要……就没问题了！

重要等级： ★★★★★

销售现场案例：

- 只要你把这赠品送我，其他的就没问题了！
- 只要你帮我申请到8.5折，你说买单就买单！
- 我就喜欢你这赠品，只要赠品送我，我就买单！
- 只要帮我把裤脚改一下，其他的就没有问题了！

这句话代表的就是顾客"最后的要求"。这些语句通常出现在成交之前，如果顾客所要求的是我们可以立即做到的服务，如改个裤脚、协助送快递等，赶紧承诺处理然后就可以开开心心地进入成交阶段。不过，比较难处理的是与折扣或赠品有关的一些要求，这是顾客在对其他部分都已经没有问题的情况下所提出的最后一个要求，而这个要求对于销售顾问来说则是喜忧参半，喜的是距离成交只剩下临门一脚了，而忧的是这一脚不确定是否能够顺利地踢进球门。

面对这种情况，销售顾问的状态是首要关键。首先，销售顾问要能瞬间调整好自己的情绪，因为在这个重要环节上提出这些要求无疑是给销售顾问以当头棒喝，犹如在充满成交希望的时候突然被泼了一盆冷水，在"成"与"不成"的十字路口，钱又在对方的口袋里没有掏出来，这时候"急躁"是销售顾问最忌讳但又最容易出现的状态，如果顾客提出的最后要求是销售顾问无法满足的，那就是"除了急躁还是急躁"，方寸大乱就容易做错事、说错话，比如"这个我们真的送不了！"，"公司规定不行！"，"我们的折扣都是公司统一规定的！"，"我们没有这权限！"，这种直接拒绝的处理方式是最经常遇到的，也是最无效、最容易激怒顾客的，容易导致顾客的逆反心理。顺便提醒一下，还有一句话尽量不要提起"这是商品不是赠品，一件要好几百块钱呢!"我们说这句话想要表达的是这件商品的价值不低所以无法作为赠品,同时也要暗示这个要求已经过分了,但也有可能正因为其价值反而引发顾客更多的想法,尤其是购买金额相对较大的顾客,"我已经买了这么多,送两三百也不过分"。

图 2-5　应对顾客的两原则

其次,掌握顾客心态。希望有好结果就要多研究顾客的心态,从而找到应对的策略。我们来分析一下,顾客既然喜欢要购买的商品为什么还要在成交之前多设置一道障碍给销售顾问呢?

猫尾巴式的思考

其一:销售有时候就是顾客和销售顾问之间的博弈,你想卖,他想买,顾客掌握了销售顾问想要做成业绩、提高收入的心态,所以设置了一场只赢不输的赌局,顾问答应了,顾客就多赚了,顾问不答应,顾客其实也没什么损失。再加上如今的品牌众多,

你不给有人给，顾客的选择性高，即使不在这家购买，到其他品牌也还有其他机会，最不济在别的品牌买不着时还可以再回来购买，所以现在的顾客越来越敢在购买的最后环节设置这样的赌局，这对销售顾问处理问题的能力就是一种考验。

其二：其实大多数顾客未必真正在乎多一份赠品或是少一点点的折扣，毕竟为赠品而来购买商品的人比较少，而且随着国民所得收入的大幅度提高顾客的消费能力也提升了。因此，大多数顾客是因为在销售过程中对销售顾问的接待存在不满意的地方，但是碍于对商品的喜爱又"无可奈何"、"心有不甘"，"与其我纠结不如让你纠结"，所以借"最后的要求"来刁难销售顾问，看销售顾问纠结为难来追求心理平衡，最终要让销售顾问知道"钱在我手上，花不花在我，我才是大权在握的人，所以对我最好多尊重一些"。

其三：提出最后要求与销售顾问无关，顾客就是很单纯的贪小便宜的心态，既然要花钱，能多赚就多赚，开口就有机会，不开口就连机会都没有了。

其四：顾客是真心喜欢赠品，所以以不购买作为最后谈判的筹码和要挟，希望能将自己所喜爱的赠品顺利带走。从另外一个角度来看，出现这样的问题并非坏事，至少它代表品牌赠品营销是成功的，总好过顾客连赠品都不想要，甚至觉得是个累赘，反而告诉销售顾问："赠品我不要，直接给我折现！"

其五：商品的价值塑造不到位。当然这个责任就与销售顾问直接相关了，因为问题的出现是因为在整个销售过程中销售顾问没有通过商品解说来塑造商品的价值，让商品的价值超越价格，说白了就是最终让顾客感觉商品与价格不匹配，所以顾客虽然喜欢商品，但是总觉得自己所付出的代价过高，所以希望通过多取得赠品或折扣来弥补心中价值感的欠缺，不说超值，至少让自己

第二章
关键词解读顾客内心

感觉等值，先说服了自己的大脑，才会有掏钱的动作。

其实如果我们可以满足顾客的要求，这时候不管顾客是哪种心态，我们都应当尽快满足顾客来促成成交。最麻烦的是当顾客的要求我们无法满足时应该如何做出妥善处理，才能够做到面面俱到，让顾客既不失面子、又有台阶下，最终心甘情愿地掏钱买单。最佳的办法就是"抱歉"、"婉拒"、"拖延"加上"成交"。

因为要帮顾客维护住面子，所以不管顾客是哪一种心态都要婉拒，通过婉拒让顾客感觉到被尊重，切忌不可断然拒绝，要时刻记住"巴掌不打笑脸人"、"礼多人不怪"的原则，婉拒总是比直接拒绝的接受度要高。最简单的婉拒就是"真的是很不好意思！……（解释原因）"。不过，如果想要这段话发挥最大的力量，销售顾问就要自我训练两个部分：一是要让自己的面部肌肉可以反映出一张为难而且又无可奈何的脸，一副想帮又帮不上忙的表情，诚意加上苦笑；二是让自己的声音声调稍微低沉些，说话速度缓慢些，刻意降低声音的硬度，使之柔软、自然且充满诚意。

通过拖延让顾客的"坚持要"有台阶可下，我们要理解顾客的心态，顾客在前面如此坚持，如果没有一定的理由就在销售顾问面前随便因为一句话而放弃，这对顾客来说是一件很没有面子的事情，而一旦我们把顾客逼迫到在商品与面子之间做出选择的境地，顾客有可能会选择商品，但是也有可能会选择面子。而什么叫做拖延呢？其实不是不满足，而是很诚恳地请对方延后满足，比如"如果您真的喜欢我们的赠品，我帮您留意，如果我们的赠品有剩余的话，一定帮您留一份，到时候我再给您送过去，您看行吗？"、"您一会儿可以把电话留给我，如果下次我们有特惠的活动，我一定在第一时间通知您，您看这样好吗？"。使用这种方式，即使顾客被拒绝了，心里也可以维持良好的感觉，不是没有，而是延后有，而且有台阶、有面子！

成交，销售顾问一定都懂，不需要详细描述。前面我们已经做了婉拒，也做了拖延，接下来就是毫不迟疑地邀请顾客买单，千万不要让顾客在这个时候做过多的思考，否则夜长梦多，变数就又开始出

现了。

总结：当顾客把自己放在博弈的局面当中时，顾客就是把成交作为最后的筹码，只有制定既让顾客有台阶下、又有面子的策略，才能有最大的成交可能。

处理步骤：
步骤一：用婉拒来表示诚意
步骤二：用拖延来延后满足
步骤三：用成交来避免思考

处理结构：抱歉＋婉拒＋拖延＋成交

模拟作业：只要你把这赠品送我，我绝对二话不说买单，你看怎么样？

一个非常有名气的酿酒师在自己家门口酿了一桶美酒，酒香四溢！不过第二天一早，酿酒师就发现酒被偷喝了1/3。

酿酒师生气之余想了一个法子，在酒桶上贴了一张纸条，"此为私人酿酒，请勿偷喝"，借此警告偷喝的人谨守本分。

次日一早起来，打开酒桶一看，酿酒师更加生气，因为酒桶里的酒只剩下了1/3，又被人偷喝掉了1/3。

酿酒师左思右想，最后终于想到了一个自认为绝顶聪明的好法子，于是在酒桶上贴了一张纸条"此为尿桶，随意饮用"。酿酒师得意洋洋地安心睡觉去了。次日醒来一看，酿酒师晕倒在家门口，因为酒桶里满了！

单一的方向思考事情，最终常常无法如愿以偿，多角度的思考才能做到面面俱到。

第二章
关键词解读顾客内心

第二章 关键词解读顾客内心（2）

关键词五：同样……为什么？
- **销售案例**
  - 同样的商品，为什么你们的价格比较高？
  - 同样的款式，为什么你们的比别人的价格要好几百？
  - 同样都是我做成本，为什么你们的价格比别人做的低这系列？
  - 同样都是我做成本，为什么别人做得到你们做不到这系列？
- **处理步骤**
  - ❶ 步骤一：认同与了解，甚至显示顾客这部分早在我的掌握之中
  - ❷ 步骤二：从对比当中凸显品牌的优势
  - ❸ 步骤三：肯定自己，给顾客信心
- **处理结构**：表示了解 + 对比差异 + 肯定自己

关键词六：我担心……我比较担心
- **销售案例**
  - 我比较担心你们的质量的问题！
  - 我比较担心这种款式几次或变形了！
  - 我比较担心这种面料不好洗，一洗就缩水了！
- **处理步骤**
  - ❶ 步骤一：再次挖掘所有隐藏性的问题
  - ❷ 步骤二：几个问题一并解决
  - ❸ 步骤三：给予顾客信心
- **处理结构**：再次挖掘 + 一并解决 + 建立信心

关键词七：主要
- **销售案例**
  - 今天主要来看看有什么外套！
  - 主要是来看看适合我的衣服！
  - 主要是来看一件保暖一点的羽绒服。
- **处理步骤**
  - ❶ 步骤一：肯定主要需求一定得不满足
  - ❷ 步骤二：询问次要需求，作为辅助
  - ❸ 步骤三：以主要需求为主线，以次要需求为搭配，以主辅搭配推荐
- **处理结构**：肯定主线 + 询问辅线 + 主辅搭配推荐

关键词八：再考虑看看（再想想，再思考一下）
- **销售案例**
  - 我再考虑看看？
  - 没关系，我考虑一下。
  - 不急，你忙，我考虑一下！
- **处理步骤**
  - ❶ 步骤一：停止强攻，挖出顾虑
  - ❷ 步骤二：鼓励询问，松懈顾客的警戒
  - ❸ 步骤三：再次询问，挖出顾虑
  - ❹ 步骤四：针对顾虑，提供解决方案
- **处理结构**：一度询问 + 鼓励回应 + 二度询问 + 解决方案

第二章 关键词解读顾客内心（2）

关键词五：同样……为什么……？

重要等级：★★★

销售现场案例：

- 同样的商品，为什么你们的价格比较高？
- 同样的款式，为什么你们比别人的价格贵好几百元？
- 同样都是羽绒服，为什么你们的价格是别人的好几倍？
- 同样都是做服装，为什么别人做得到你们做不到？

这几句话有两种比较明显的意图，在这两种不同的意图之下，顾客会有两种不同的外在表现可以被观察出来。

猫尾巴式的思考

其一：是真有疑问、想探索答案的意图，这时候顾客的声音声调会比较轻柔，轻重音之间错落不明显，是一种咨询的口吻，不会让人产生特别的感受，多数是在不懂而想知道原因的状况下发生的。

其二：是略带批判和指责的含义，"你们不应该如此……"，"你们怎么可以……"，这时候顾客的声音声调会较硬、较重，轻重音之间错落较为明显，听了会让人感觉不舒服，有明显被对方刻意攻击的感受。

第一种情况好处理，只要给出所以然来就行。我们比较担心的是第二种情况的出现，因为当"同样……，为什么……？"这句话从第二种顾客的口中说出来时，很容易让销售顾问心里不舒服，因为这句话不仅会伤害到销售顾问的品牌自豪感，而且对销售顾问自身来说也是一种否定，

第二章
关键词解读顾客内心

甚至销售顾问会很恼火而破口反击。尤其是被顾客摆在一起比较的品牌与我们品牌的档次、做工、面料、定位、设计都有一定的落差时，更容易引起销售顾问反击的冲动，往上比还能让人接受，往下比如何让人忍受。

许多销售顾问会一下子忍不住，脱口而出"那不一样！"，"那怎么能拿来一起比！"，"那个品牌的商品我们不好说！"等等，不管是明损还是暗损，总之那就是一个"损"字，你要让我难受，我也让你不好过，以牙还牙。或是更直接一点，"品牌的档次不同！"，"我们比较高端！"，"他们都是仿我们的！"，我还听过更严厉的话，"那个品牌连我们都看不上！"，"你可以出去调查看看再回来！"，直接把顾客扫地出门，这时候顾客最重要的"面子"在我们的面前俨然荡然无存。而一个已经没有了"面子"的顾客，又有何脸面继续留在我们的卖场里选购商品或是面对销售顾问？这时候就算不跟销售顾问吵架，也都会逃之夭夭！

在销售现场会有几种类型的顾客可能提出这样的问题：

猫尾巴式的思考

其一：顾客心中对于这两个品牌并没有比较清晰的心理定位，所以单凭个人感觉来认定这两个品牌的档次差不多却出现了价格差异，然后要求解说。其实顾客并不见得对于品牌的档次有过多的认识，毕竟顾客只是天天穿衣服而不是天天研究衣服，所以会以自己到店里之后的直觉感受来进行评价和对比。因此，对于这样的提问，我们反而应该虚心检讨，尤其是当我们面对的是第一种顾客时更该检讨，为什么两个不同档次的品牌却在顾客的心中留下同样档次的印象最终需要靠提问来找出差异。如果顾客真的知道这两个品牌档次不同，可能大多数的顾客就不会提出这一类的问题，在销售顾问面前显得无知对自己可是一点好处也没有。这一类顾客的外在表现会以第一种居多。

其二：顾客对于市场上大多数品牌的定位都不熟悉，甚至很少逛街，更不去研究各大服装品牌，所以不管品牌定位，不管工艺技术，不管是不是原创设计，只是单纯地针对款式雷同但价格有差异，就天真地把这个问题提了出来。不过，不管是不是天真的提问，顾客都不喜欢被人否定，这一点是百分之百肯定的。这一类顾客的外在表现有可能是第一种，也有可能是第二种，不过以第二种居多。

其三：经常购物，对品牌有一定的了解，但是在顾客心中这两个品牌就是同一个档次，而且这是顾客心中根深蒂固的认知。如果我们遇上了这样的顾客，除了礼貌对待、细心解释差异之外，同时也要知道这跟我们整个品牌的市场定位、品牌推广、视觉形象、开店的定位和策略、主要定位顾客群是否清晰等都有关系，主要的问题不是产生在终端而是在源头，可能从品牌的角度在未来做出一定调整会是比较迅速的解决方式。而销售顾问能做的就是以优质的服务、耐心的接待、通过多次的服务来改变顾客的主观印象，如果想一次性就把这一类顾客的认知扭转，可能性不大，需要循序渐进地进行。这一类顾客的外在表现会以第二种居多。

其四：顾客对于服装品牌有一定的了解，但未必了解我们的品牌或是我们这种类型的品牌。顾客心里可能确实存有疑问，想要通过询问销售顾问来寻求更为专业的解答，即使不购买商品，多增加一点市场品牌知识也不错。这一类的顾客属于比较理性的顾客，对于消费看得比较认真，心里相信"一分钱一分货"，敢这么定价一定有原因，因此他们除了购买商品之外，更希望从销售顾问身上了解不同品牌的商品之间的差别来作为个人理性购买的评估。这一类顾客的外在表现以第一种居多。

其五：这类顾客不管品牌之间的定位差别，清楚也罢，不清楚也罢，总之就是想以此作为杀价的铺垫，并且喜欢用强势、夸张的表现来暗示销售顾问"我还有其他的选择,希望你等会儿在价格上可以给我优惠一些"等。这一类顾客通常逛街的比率比较高,只逛不买的比率也比较高,平时问题多又喜欢挑刺,有时在销售现场是不被欢迎的一群人。当然这一类顾客的外在表现以第二种居多。

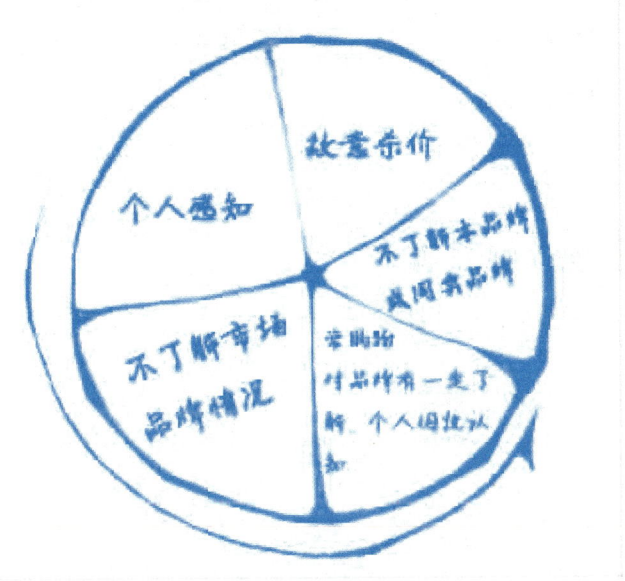

图 2-6 顾客心态分析

其实这一类顾客的心态很容易分析,如果他真觉得对方比较好,那么他可以直接去购买对方的商品,而没有必要跑到我们店里来挑毛病,其实多半顾客很清楚两个品牌之间的差别,就是因为知道所以才到我们店里来选购商品。许多这类的顾客还会很可爱地自己说漏馅了还不知道,比如"我去他们家看过,都差不多!","你们两个品牌我都比较过了,差不多的!","差不多"三个字就已经明确地告诉销售顾问"还是有差别"的,要不然不会在比较之后还是选择来到我们店里!

不过,这时候销售顾问只要心中明白就行,一不要说破,二不要断然否决,否则顾客的小聪明一下子就毫无用武之处,而且他心中的小算

盘一下子就被打翻了，成就感为零，那么接下来恼羞成怒的局面或许就会出现了。

"同样"这个词是解决这一类问题的突破口。既然顾客的提问是"同样"，那么只要我们提出"不同样"的差异处，就可以很合理地解释顾客心里的"为什么"。当然在回答的时候要先表示认同和了解，然后可以用"对比"的方式把商品之间的差异描述出来，"您说的这个品牌我知道，我也去对比过，商品确实相似，不过仔细比较还是有许多不同之处，比如说……，比如说……，比如说……，其实在这几个部分，我们的商品做的更专业些！"

这种"对比"的方式可以起到以下几个作用。

猫尾巴式的思考

其一：体现出销售顾问的专业，用专业让顾客折服，我们不仅熟悉自己，更熟悉对手。

其二：明确告知顾客差异在哪里，让顾客的焦点集中，触发感受，更加清楚地知道应该从何处进行比较。

其三：用专业的对比法暗示顾客这类问题早在我的掌握之中，让他知道我们是早有准备的。但如果销售顾问没有提前真正了解商品的卖点、存在的差异，那么接下来最好别乱说了。

其四：用专业对比来塑造价值，弥补两件商品之间的价格差异，将差价合理化。

其五：用专业对比让顾客的非专业对不上话，首先得让顾客知道自己与销售顾问之间的专业知识存在一定差距，这样在销售顾问解说完后可以减弱顾客对商品与商品之间的差距感。

许多销售顾问处理这类问题的力度稍嫌不足，其实有几个部分销售顾问可以进一步做出调整。

猫尾巴式的思考

其一：销售顾问对于市场上的竞争品牌了解不多，专注点只在内而不在外，所以会出现"一问三不知"的状况，更有甚者直接告诉顾客"我不熟悉"，"我不了解"等。

其二：销售顾问不断阐述本品牌的优点，却不知道优点并不是绝对的，而是相对的。只有拿其他竞争品牌做陪衬和对比时，优势才能比较容易地凸显出来，否则即使把我们的优势全讲完了，顾客还是有可能没有任何感觉。

其三：最糟糕的一种就是销售顾问连自己商品的优势与卖点都不熟悉，只是一味地、单薄地告诉顾客"我们的质量比较好"，"我们的设计不一样"，"我们的款式更时尚一些"等等。这些无效的语言完全解答不了顾客的疑问。销售顾问以为自己已经在做销售，其实连一个员工应该尽到的基本职责都没有做到，何谈销售。

总结：顾客有问的权利，销售顾问也有让顾客知情的义务，但这不只是要告诉顾客我们商品的好，而是用"对比"的方式让顾客知道我们商品的好。"好"是需要衬托才能体现的，红花如果没有绿叶陪衬，自然也就体现不出红花的特点来。

处理步骤：
步骤一：认同与了解，甚至暗示顾客这部分早在我的掌握之中
步骤二：从对比当中凸显品牌的优势
步骤三：肯定自己，给顾客信心

处理结构：表示了解 + 对比差异 + 肯定自己

模拟作业：某某品牌也有同样的款式，可是为什么价格比你们便宜一大截？

关键词六：我担心……，我比较担心……

重要等级： ★★★★

销售现场案例：
- 我比较担心你们质量的问题！
- 我比较担心这种面料穿几次就变形了！
- 我比较担心这种棉的面料洗一洗就缩水了！

"担心"与"比较担心"的用词差异就在于"比较"这两个字上。在我多年的的购物经历中，我所遇到的大多数销售顾问在销售过程中都不会去分辨"担心"和"比较担心"之间的差异，只要听到"担心"这两个字，他们最后回答的内容都是一样的，没有差别！但是还有一种很奇怪的现象，那就是当我在一些品牌企业给学员上课时，询问他们："'担心'和'比较担心'两者的意思是否一样呢？"大家的回答都是"不一样"。"那么处理这类问题的方式应不应该也有所差别呢？"大家的回答也都是"应该有差别"。然后再继续询问，"实际上我们在终端销售现场处理这类问题的时候应对的话术有没有什么差别呢？"异口同声回答"没差别"。为什么在明明知道这两种表达方式"不一样"、"应该有差别"的情况下，在终端销售现场处理的方式却还是一模一样的呢？

其实如果我们可以在日常工作中多留心、分析一下"比较"这个词，留意看看我们平常大多是在什么状况下会使用这个词，分析一下我们在使用这个词时的背景有无不同，马上我们的做法就会完全不一样了！"比较"这个词通常都是在有一个或多个对比参照物的情况下才会使用，比如"比较高"一定是有一个相对矮的参照物，"比较优秀"一定是有一个相对糟糕的参照物，"比较便宜"一定是有一个相对价格高的参照物，所以"比较"这个词一般不会单独存在，而是与其他相对应的参照物共同存在的！

第二章
关键词解读顾客内心

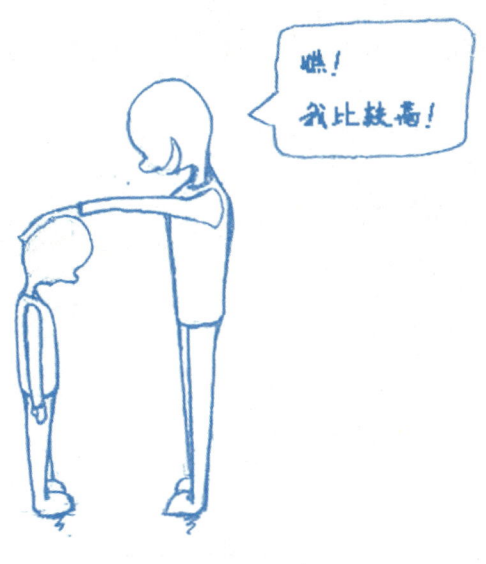

图 2-7　有参照物才有比较

因此当顾客说"担心"时，销售顾问可以参照关键词一"如果"的处理方式来进行处理。当顾客说"比较担心"时，销售顾问就要自我提醒，顾客实际上所担心的问题应该不止一个，所以不能当成同一个问题来处理。因此，比较好的应对策略是先不要急着解决顾客的显性问题，应该先把顾客所有的担心也就是隐性问题都尽可能通过询问的方式引导出来，比如"除了这个部分之外，您是不是还有其他的担心呢？"，"好的，这部分我知道了，请问一下还有其他需要我帮您解决的吗？"，甚至可以给顾客一些鼓励性的语言来鼓动顾客把问题通通说出来，"没关系，您都可以告诉我，我来帮您处理！"，"没关系的，您担心什么就说什么，能解决的一定帮您解决！"。因为大多数顾客不会一次性把问题通通说出来，除非我们主动去挖掘，顾客才有可能把心中的担心都呈现在我们面前。而销售顾问不要害怕面对顾客的多个问题，一定要具备两种良好的心态：第一种就是只有顾客把问题说出来，我们才有解决的机会，**最糟糕的问题不是价格问题而是"不说出口的问题"**；第二种就是**与其让顾客一个又一个说出问题，还不如想办法让其一次性呈现，这样一起解决也会轻松、简单一些**。

在销售过程中,当顾客出现问题时,销售顾问一般都会想办法去解决,只是有可能解决的不够好,不足以令顾客满意,这样就会造成以下两点担忧。

猫尾巴式的思考

其一:未发现隐藏的问题。

顾客说出了一个问题,并不代表顾客就只有一个问题,可能还有其他多个问题在心中隐藏,不知何时爆发。

其二:问题接踵而来。

当我们处理完一个问题之后接着就会有一个又一个的问题接踵而至,这时候对销售顾问的耐心就是一种考验。另外,问题一个接一个地出现也容易让销售顾问认为顾客没有真正要购买的诚意,会逐渐在心里放弃成交,对顾客失去耐心。其实并不是顾客没有购买的诚意,而是这些问题本来就一直藏在顾客的心中,只是顾客含蓄地用"比较"这个词来暗示销售顾问"我的问题不止一个,只是这个相对来说更重要一些而已",所以严格来说并不是顾客没有说,而是销售顾问没有听明白而已。总体来说,在终端销售现场,我们不可能要求顾客应该怎么说,但是我们却可以要求自己应该懂得倾听和分析顾客字里行间所表达的深层含义。

我们在这里用两个场景来融会贯通一下。

场景一:

- 顾客:"其实我比较担心缩水的问题!"
- 销售顾问:"这一点您放心,因为……,所以不会出现您担心的问题!"
- 顾客:"真的吗?那这颜色你确定适合我吗?"
- 销售顾问:"这颜色您放心,因为……"

场景二:

- 顾客:"其实我比较担心缩水的问题!"

- 销售顾问:"除了缩水之外,您是不是还有其他的担心呢?"
- 顾客:"这颜色你确定适合我吗?"
- 销售顾问:"这两点您都不用担心,一是缩水的部分……,二是这颜色确实是适合您,因为……,所以这两个部分您都可以完全放心!"

在第一个场景中,销售顾问会显得偏被动,被顾客的问题牵着东奔西跑,顾客说"东"解决"东",顾客说"西"解决"西",只知道问题的开始但是不知道到底什么时候问题才可以结束。我们在场景里只设置了两个问题,而在实际销售中顾客可能还会提出第三个、第四个问题,最终浪费的时间可能更多,而且最可怕的是如果其中一个问题没有处理好,就会引发顾客的顾虑,至于成交可能就遥遥无期了。

在第二个场景中,销售顾问会显得比较主动,销售顾问先不动声色以"毋恃敌之不来,恃吾有以待之"之势,用主动的方式收集顾客所有的问题,最后再一次性解决所有问题,而其不害怕问题的态度也可以大幅度增长顾客的信心,这样的处理的方式既专业又高效。

其实这种处理问题的方式在生活中也会经常碰到,人们处理起来也都是得心应手。比如,我们招待朋友吃饭,在点餐的时候我们会直接问朋友"有没有什么忌口的?",这就是一次性收集所有问题的方式,可以节约时间、提高点菜效率,通常我们不会一个一个地问,如牛肉吃不吃、羊肉吃不吃、辣的吃不吃。所以有时候我们可以把生活中的方式与方法融会贯通于销售中,其实这些道理都是一样的,大家不是不明白而是不懂得如何转换。

总结:生活和销售其实有异曲同工之妙,生活中有销售,销售中有生活,静下心来多思考,许多策略不需要别人指导,我们平常早已经得心应手,只是换个场合罢了。

处理步骤:

步骤一:再次挖掘所有隐藏性的问题

步骤二:几个问题一并解决

步骤三:给予顾客信心

处理结构： 再次挖掘＋一并解决＋建立信心

模拟作业： 其实我还是比较担心变形的问题，遇到多次都怕了！

关键词七：主要……

重要等级： ★★★

销售现场案例：

- 今天主要来看看夹克外套！
- 主要是想要找一件适合我的连衣裙！
- 主要是想看一件保暖一点的羽绒服！

参照关键词六"比较"一词进行推理，就会明白既然出现了"主要"，那么背后一定还有"次要"，它也是在有一定的参照物进行对比的情况下出现的，并不是单独存在的。所以如果销售顾问只听到了"主要"的需求，就会失去多做连带销售和多拉客单的宝贵机会。在做销售时不一定非要确定主要需求之后再来寻找次要需求，主要与次要可以一起搞定，但是前提是我们要知道顾客的主要需求是什么以及次要需求又是什么，将需求整合起来比较有利于销售过程中连带作业的进行。

比如，我们跟朋友一起去吃饭，朋友说："今天主要想吃肉！"如果你真点了一桌肉出来，一点素菜都没有，最后估计会遭到朋友的抱怨："主要吃肉也不能只吃肉不吃菜呀！"如果您前面多问一句："素菜要不要？"您得到的答案可能就是："废话，当然要素菜呀，哪能光吃肉！"

再如我们销售现场的案例，顾客说"我主要是想要找一件适合我的连衣裙！"，一般的销售顾问这时候就会认为顾客的需求方向已经明确，所以迫不及待地引导顾客前往连衣裙的区域然后开始展开连衣裙的重点销售。其实这样的做法也不能算是错的，只是我们可以有更好的做法。因为"主要"一词只是表达了顾客的第一意愿，只是顾客的一部分需求而不是全部需求，所以聪明的销售顾问可以尝试把顾客隐藏在"主要"之后没有直接表达的第二意愿和其他意愿，在销售伊始就通过询问引导把需求都收集起来，比如"除了连衣裙之外，还有什么可以搭配着给您看的呢？内搭？羊毛衫？外套？"，"除了连衣裙之外，还有什么可以帮到您的呢？内搭？T恤？外套？"。这样的询问方式可以帮助我们在做销售的同时，用顾客的第二意愿作为商品的整体搭配，在做主要商品销售的同时进行连带销售，一次性将顾客的意愿做最大化的满足。这就需要我们从以前只做单品销售的旧的思想观念中跳出来，以整体的组合销售为主要方向，而不是在完成顾客的主要需求之后再去重新开发顾客的第二需求以提高连带销售。

这里要注意的是"内搭？羊毛衫？外套？"这样的询问用法。为什么要在问句之后再加上这些品类的提醒呢？其主要原因是：

猫尾巴式的思考

其一：让顾客容易回答我们的问题。

这样的问法可以使顾客比较容易抓住回答的方向，否则顾客容易在短暂的时间内想不起其他需求，而直接告诉销售顾问其他的都不需要了。这跟二选一的成交法是一样的道理，不要让顾客自己去思考，而是简单、直接地提出几个可选择的方向供顾客选择。

其二：唤醒潜在的需求。

多了其他品类的提醒容易唤醒顾客心中某些可能被遗忘的需求，尤其对于女性顾客来说，这样的问法会特别有效，因为女性顾客容易受外在刺激而主动激发新的需求，本来没有预算，但是因为刺激点突然产生，一个顺便看看的想法就会油然而生，"那你顺便搭件薄一点的外套给我看看！"，"有好一点的内搭也可以拿来给我看看！"。

千万不要忽视这一句简单的问句，因为它可能为我们带来意想不到的销售机会和业绩。一个顾客本来只是来为自己挑选羽绒服的，在

自己挑选完之后，如果销售顾问提醒"难得过来，要不要顺便帮家人（爸妈、老公、小孩等）挑一下，否则以后可能还要为此再跑一趟，多麻烦！"，最终所引发的可能不只是给自己买，连父母、先生、孩子的都买了，这些需求就如雨后春笋般接连着出现了。在我多年辅导企业的过程中因为这样一句话而创造十一连单、十三连单等多件连单的优秀案例数不胜数。销售顾问要抓住每一个可能激发顾客多样化需求的机会来帮助自己提升销售业绩，不断为自己创造出销售的机会和可能，才能在连带率、客单价上屡创高峰。

再如，顾客说"我主要是想看一件保暖一点的羽绒服！"，所以"保暖"是顾客主要的需求，但是销售顾问如果只就保暖性进行商品推荐的话，可能会在推荐上屡遭挫折，因为顾客绝对不会只有一个保暖的需求。长短、颜色、风格、款式这些一定也是顾客购物时所考虑的因素，只是顾客可能最近被"冻僵"了，所以保暖性瞬间就变成了主要需求，但是却不代表其他的都不重要。如果顾客的主要需求是保暖，次要需求是长款（因为短款家里已经有好几件了），而我们介绍的是一件真的超级保暖的短款，那您认为顾客购买的几率有多少？

因此，建议销售顾问听到"保暖"之后不要急着推荐，缓一缓销售的脚步，可以进行以下询问：

- 除了保暖之外，您喜欢长款的还是短款的呢？
- 保暖性您不用担心，请问您是想要稍微休闲一点的款式还是稍微商务一点的款式呢？
- 这么冷的天，肯定给您介绍保暖性高的，那您是想要带帽子的还是不戴帽子的呢？还是都行？

为了避免推荐受挫，应多询问几个问题，这样可以为我们接下来的推荐多加上几层保险。销售顾问快速找准顾客有兴趣深入了解的商品，对于成交可以起到莫大的推动作用，毕竟顾客的耐心是有限的，不断地考验顾客的耐心，最后吃亏的一定是销售顾问自己。

关于连带，销售顾问一定要记得，**顾客连带的需求是我们在销售过程中不断激发创造出来的，不管是通过试衣的搭配，还是通过恰当的问**

第二章 关键词解读顾客内心

句引导，这些动作应该贯穿于整个销售过程中，而不是一笔单做完之后再开始寻找第二笔单的机会。有些销售顾问害怕因为连带而导致顾客反感，甚至最后一笔单都做不成，所以对于连带有时是又爱又恨。其实销售顾问完全可以放下这份心理负担，因为询问顾客的需求可以很好地避免"为达成连带而做连带"的尴尬，连带绝对不是硬塞而是顾客有了需求之后的顺水推舟，我们所做的一切不是凭空出现的，而是根据询问顾客的需求所产生的。

图 2-8 顾客的主次需求

总结：顾客的需求可以分主次，以主需求为主线，以次需求作为搭配和组合，一次性满足顾客所有的需求，省时、省力且可以创造高效的销售！除了掌握显性需求之外，还要学习挖掘隐性需求，顾客的需求越多，我们可以推荐的方向就越广。

处理步骤：

步骤一：肯定主要需求一定给予满足

步骤二：询问次要需求，作为辅助

步骤三：以主要需求为主线，以次要需求为搭配，二者合一，创造销售

处理结构：肯定主线 + 询问辅线 + 主辅搭配推荐

模拟作业：主要想找件开会时穿的，稍微正式一点的夹克！

关键词八：……再考虑看看（再想想，再思考一下）……

重要等级：★★★★

销售现场案例：
- 我再考虑看看！
- 没关系，我再想想！
- 不急，你先忙，我再考虑一下！

这几句话都有一个关键字出现就是"再"，"再"这个字的中文含义是第二次、重复，它的出现意味着，而不是顾客已经不考虑了顾客因为心中仍然有所顾虑所以要做第二次的深思熟虑。这种说法对顾客而言也是为他自己预留后路，是再考虑而不是不考虑，所以对销售顾问而言还是有成交机会的。顾客的"考虑"是一定会进行的，差别只在于我们是该让顾客出门之后再自己考虑，等考虑清楚之后再回来或是直接就不回来了，还是我们想办法让顾客在我们的视线范围内直接就把第二次的考虑完成。

如果销售顾问把顾客放出门让其自己再去考虑，顾客可能一出门，被冷风一吹，又受到其他品牌的吸引，再听到朋友的几句扇风话等，最终不要说回来了，可能连考虑都没有进行就已经结束了。我们自己也一定有过类似的经历，说要考虑，但是只要一走出店门，可能不超过五分钟的时间就把这事儿抛到脑后了。所以销售顾问要记得，我们这种销售形态能把握的只有眼前，顾客在眼前我们还有翻身的机会、说服的空间，一旦顾客走出门去从我们的视线内消失，对我们而言就几乎完全失控了。此时，顾客考不考虑、回不回来就只能寄托上苍的保佑了，销售顾问完全处于被动状态，很难再做出积极有效的争取。

销售顾问要分析的是，当一个顾客提出"再考虑看看"时，影响他

第二章
关键词解读顾客内心

无法下定决心购买的一个甚至多个因素是什么，可能是颜色，可能是实用性，也可能是搭配性、小细节的设计、长短等。但到底是什么原因造成顾客还要考虑，这时候销售顾问应尽量避免用自己的经验去猜测，"**自以为聪明地猜，还不如笨笨地去问**"。

这时候最糟糕的做法就是不断地施压，不断地催促顾客成交，用最后一件、没有尺码来"恐吓"、"威胁"顾客，比如"穿起来这么好看还考虑什么"，"您穿的这个尺码我们只剩下最后一件了，不要考虑了，再考虑一会儿就没有了"，"我们这款卖得很好的，下次来也不一定有货"。销售顾问以为这样是在解决问题，实际上只能导致顾客的反感，加速顾客逃离现场。其实这就像男女朋友论及婚嫁一样，如果一方说要考虑看看，这时候应该消除的是对方的顾虑而不是一直催促对方，比如，"你给我一个确定的时间，我好做准备"，"不用再考虑了，我们双方家长都见过面了，还考虑啥"。这时候的催促只会让对方更不容易下定决心，因为大多数人并不是害怕做决定，而是害怕做出错误的决定。此时，只有先消除了对方的顾虑，才有可能稳稳当当地促成后续的事情。

其实最好的做法就是陪同，陪同顾客找到影响他下不了决心的因素，"其实我觉得您自己还是挺喜欢的，是不是还有什么部分您觉得不妥？"，"这个款式不管是颜色、设计、搭配性都挺好的，请问一下您是不是还有什么顾虑呢？"，"几千块钱一件衣服考虑一下也是正常的，我问一下您是不是觉得还有什么地方不满意的呢？"，说这些话时一定要带着微笑，不要让顾客感觉现在没有下定决心购买是一件罪大恶极的事情。陪同顾客一起轻松面对心中的顾虑，即使不成交，下次还有机会。有时候销售顾问要能体会"无欲则刚"、"置之死地而后生"的道理，因为顾客这时候就像是一条绷紧的橡皮圈一样，加点压力随时就有崩断的可能，而一旦断了，就可能什么都没有了。因此，强压购买绝对不是最佳的做法，只有把橡皮圈松一松，让橡皮圈舒缓一下，才有第二次绷紧的机会。

销售顾问还要做好另一个心理准备，就是当我们第一次询问顾客心

中的顾虑时,顾客不一定会说,每问必答的顾客毕竟是少数,尤其是当这个顾虑牵涉到顾客预算不足或是在其他品牌还有考虑的商品要去看看时,顾客更不会轻易地在我们第一次询问时就立马做出回应了。

这时候销售顾问可以做两件事情来推进销售。

猫尾巴式的思考

其一:鼓励回应,"其实没事的,您可以告诉我您担心的,能解决的我一定尽力","没关系,您也可以把您的顾虑告诉我,说不定我能帮您解决",尽量让顾客说出顾虑,以此为努力和推进的方向。

其二:做好第二次询问甚至是第三次询问的准备。在这里也诚恳地建议销售顾问,平常可以为应对这样的状况准备2～3种不同的说法,不要依赖自己的随机反应去处理,因为一般顾客在说出"我再考虑看看"的时候,其实已经有半只脚踩在门外了,这时候我们并没有充足的时间慢慢考虑接下来应该怎么问才是最恰当的,所以最佳的方法就是事前准备和熟悉,以免当这些状况发生时手忙脚乱,拿成交的结果开玩笑。

但是,如果最后顾客还是不断强调"我要再考虑看看",并且客客气气地说"如果我有需要我会再过来",这时候最大的可能就是顾客还要出去多看看,比较之后再做决定,但是不好意思在我们面前明说。在这种情况下,强留已经没有太大的意义,销售顾问可以大度地用"欲擒故纵"法,"没关系,有需要随时欢迎您,过来记得找我,慢走",给顾客留下热情的印象,至少增加了顾客回头的可能性。

总结:成交一定是在解决顾客的顾虑之后形成的,在顾客尚有顾虑的时候,强压式的推进法反而容易造成顾客的反感。"以为进,实则退"是最糟糕的状况,因为错不自知!因此缓一缓、松一松,然后再推进会是比较好的操作方式。

第二章 关键词解读顾客内心

处理步骤：

步骤一：停止强攻，缓步询问，挖出顾虑

步骤二：鼓励回应，松懈顾客的警戒

步骤三：再次询问，挖出顾虑

步骤四：针对顾虑，提供解决方案

处理结构： 一度询问＋鼓励回应＋二度询问＋解决方案

模拟作业： 好吧！先这样，我再考虑看看，有需要再过来！

清明节，某人去买祭品，看到居然有纸糊的 iPhone，便问老板："烧 iPhone，怕老祖宗不会用吧？"

老板白了他一眼说："乔布斯已经下去教了，你还操什么心呀？"于是那人便买了一个。

老板又说："买个手机套，底下比较潮湿。"某人想想有道理就买了一个。老板又说："再加个蓝牙吧，底下的交通法规也很严格呢。最重要的是买个"充电器"，别回头祖宗找你要就不好了，找你要还好叫你送去就麻烦了。"某人听了之后就全买了。

某人接着说："老板，给一张名片吧！我一起烧给老祖宗，有问题的话，好找你下去服务……"

顾客有时候并不见得会给我们真实的回应，但是不回应并不代表没有想法，只是时候还没有到，一旦时候到了，顾客的回应可能会让我们瞠目结舌。

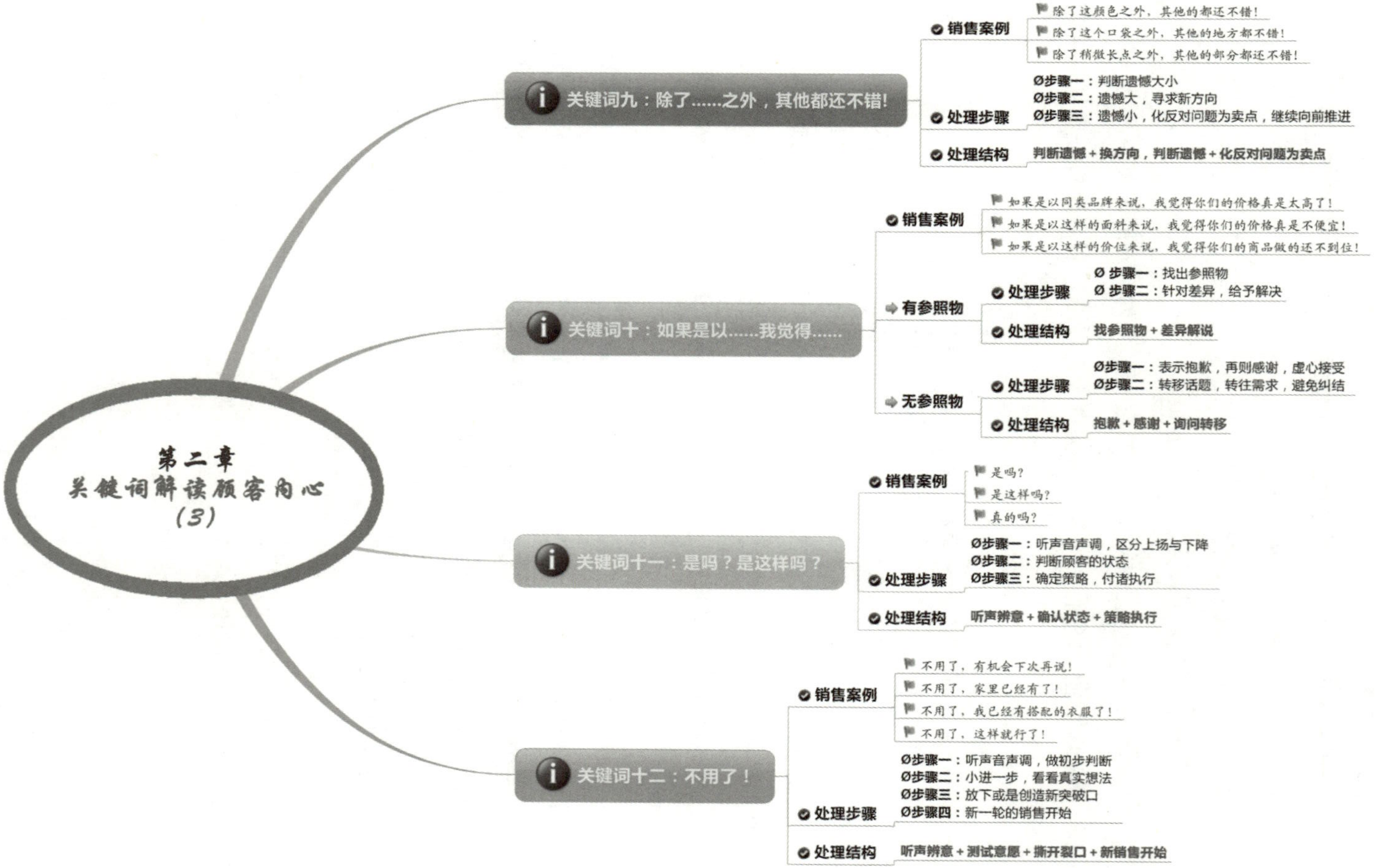

第三章 关键词解读顾客的心（3）

关键词九：除了……之外，其他都还不错！

- **销售案例**
  - 除了这颜色之外，其他的地方都还不错！
  - 除了这个口味之外，其他的地方都分都不错！
- **处理步骤**
  - 步骤一：判断遗憾大小，寻求新方向
  - 步骤二：遗憾大，寻求新方向
  - 步骤三：遗憾小，化反对问题为卖点，继续向前推进
- **处理结构**
  - 判断遗憾+换方向，化反对问题为卖点

关键词十：如果是以……我觉得……

- **销售案例**
  - 如果是以同类产品来说，我觉得你们的价格是太高了！
  - 如果是以这样的面料来说，我觉得你们的估太贵。
- **处理步骤**
  - 有参照物
    - 步骤一：找出参照物
    - 步骤二：针对差异，差异解说
  - 无参照物
    - 步骤一：表示歉意，再则感谢，虚心接受
    - 步骤二：转移话题，转往需求
- **处理结构**
  - 拒歉+感谢+询问转移

关键词十一：是吗？是这样吗？

- **销售案例**
  - 是吗？
  - 是这样吗？
  - 真的吗？
- **处理步骤**
  - 步骤一：听声音词，区分上场与下降
  - 步骤二：判断顾客的状态
  - 步骤三：确定预策，付诸执行
- **处理结构**
  - 听声辨音+确认状态+策略执行

关键词十二：不用了！

- **销售案例**
  - 不用了，有机会下次再说！
  - 不用了，我已经有了！
  - 不用了，我已经有别的来找了！
  - 不用了，这样就行！
- **处理步骤**
  - 步骤一：听声音词，做初步判断
  - 步骤二：小进一步，看真实想法
  - 步骤三：放下成见创造新突破口
  - 步骤四：新一轮的销售开始
- **处理结构**
  - 听声辨音+测试意愿+撕开裂口+新销售开始

第二章
关键词解读顾客内心

关键词九：除了……之外，其他都还不错！

重要等级：★★★★

销售现场案例：

- 除了这颜色之外，其他的都还不错！
- 除了这个口袋之外，其他的地方都不错！
- 除了稍微长点之外，其他的部分都还不错！

这句话出现的时候通常都伴随着可惜、惋惜的语气，"如果这一点也可以满足的话，那就百分之百完美了"，所以对顾客而言这句话所表达的就是"最后的遗憾"，是顾客对于其他部分都满意之外的最后的一点不满意。不过，销售顾问不要一听到"遗憾"这个词就心凉了半截，因为这句话并不代表已经无可挽回。关于这句话，销售顾问要注意几个处理的事项。

猫尾巴式的思考

重点一："完美"这个境界事实上很难达到，不管是人或事还是商品。顾客自己心里其实也清楚，要买到方方面面都称心如意的商品并不容易，通常所购买的商品都是大部分满意而不是完全满意。就好比我们买手机一样，功能满意的外观不一定满意，大小满意的款式不一定满意，大小、功能都满意的颜色不一定满意，总是存在那么一点点小的瑕疵而让其留下遗憾，不过只要这小的瑕疵不影响到顾客主要的需求就行。所以销售顾问在听到这句话时不要太过担心或紧张成交不了，要用平常心去面对这个问题，坚信只要商品能够满足顾客大部分的需求以及主要需求，成

交就大有可能。换一个角度思考，如果品牌设计出来的每一件商品都可以让顾客看一眼就相中，看完就买，那么终端销售现场就不需要销售顾问了，靠着商品的自然销售业绩就已经长红一片了，那么该下岗的就下岗了！

重点二：当这句话出现时，销售的关键就在于如何判断出顾客这个遗憾的大小，并由遗憾的大小来决定处理的策略。如果遗憾小，那么只要说法得当眼前的这件商品仍大有可能成交；如果遗憾大，那么换个方向重新进行销售可能会比继续在这件商品上坚持销售更有效。最害怕的是在顾客遗憾大的情况下，销售顾问舍不得放下之前所投入的销售心血，或是懒得重来，而出现"不必要的坚持"，一轮强攻、猛攻之后最终发现不仅之前白忙，就连最后这一段的销售投入也白费了。

重点三：销售顾问可以仔细聆听顾客在说这句话时的声音声调，如果顾客的声音声调没有特别的加重音，只是一般的平铺直叙，那么顾客遗憾小的几率比较大；相反的，如果顾客的声音声调比较重，或是在"除了……"，"……颜色……"这些字眼上有比较大的声音声调反差，有强调式的重音表现，那么遗憾大的几率可能就比较大了。销售顾问要锻炼出耳听八方的能力，那么听什么呢？一要听出顾客在说话时出现的关键字眼，进行分析；二要听出顾客的声音声调、重音的表现，作为依据；三要听顾客的情绪反应，作为判断；四要听出顾客大致的个性，作为制定应对方式的参考。

重点四：对于小遗憾可以用"化反对问题为卖点"的方式来进行处理。比如，顾客不满意的是颜色太暗，这时候销售顾问可以说"这颜色虽然暗了一点，不过比较好搭配，在办公室里穿也会显得端庄大方一些，而且冬天里这颜色也比较不怕脏，好打理一些！"顾客对于外套过长有些意见，这时候销售顾问可以说

"其实如果是我,我还是比较喜欢这样的长度,因为在冬天这样的长度可以保暖一些,长度不够的话在室内还好,一到大街上就发现冻得难受,而且我们这款外套的拉链设计比较特别,当您在办公室坐下的时候可以由下向上拉开,不会有任何影响!"顾客嫌口袋的设计复杂,这时候销售顾问可以说"其实这口袋的设计会显得有点特色,您看,如果我把这口袋遮起来,您会发现这件外套的特点就不是很明显了,比较普通,而且这口袋还可以放手机等小东西,很方便的!"这样的说法就叫做"化反对问题为卖点",把顾客不满意的地方变成优点,开拓顾客在这部分上新的视角和思路,以消除顾客的不满,化不满意为满意!

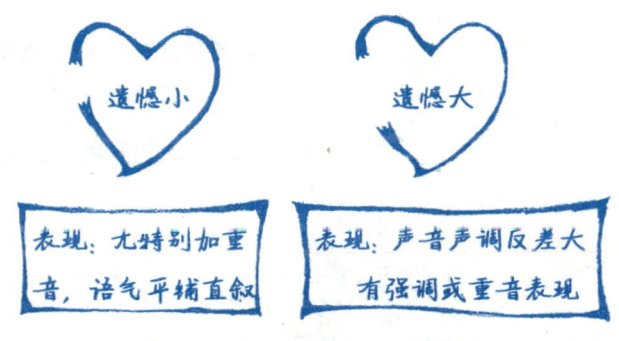

图2-9 顾客遗憾表现图

销售顾问一定要谨记"预防重于治疗",**解决问题的最佳办法就是"不要让问题产生"**。当问题产生时就代表着变数的出现,一个优秀的销售顾问"**不应该害怕变数,但是一定要懂得预防变数,当然不要去做的就是创造变数**"。其实顾客走过整个销售流程,如果真出现了最后的大遗憾,大多也是由于在前期销售的过程中销售顾问对顾客的主要需求把握不清,对顾客的意见收集不足,对顾客的满意或是不满意没有用心去聆听,太过坚守"自己的认为"而导致的,如果销售顾问可以真正倾听顾客的声音,也不至于把顾客推向"最后的纠结"。

还有一种行为也是我们在销售现场经常会发现的,同时它也是一种销售顾问不够成熟的外在表现,那就是销售顾问一旦开始销售一款商品,就希望一通到底,不断地说服,所以总是在推进到无可推进的时候才换方向推进。推销一款顾客就喜欢一款,推销一件就成交一件,这样的几率是比较低的,所以销售顾问要能灵活操作,在错的时候换方向总比坚持错的方向更有效;否则以这样的方式进行销售,顾客在最后产生大遗憾的几率就肯定比其他销售顾问要高了许多。

所以再次强调,在推荐商品之前要做好顾客的信息收集工作,在销售的过程中还要不断地对顾客的满意程度做出确认,对于顾客表达出的关键字要仔细聆听,对于顾客的主要需求一定要高度把握,只有谨慎小心才能防患于未然,销售是一步一个脚印的工作,每一笔的成交一定跟我们的用心程度有关。

图 2-10　顾客信息收集

总结:最后的果一定是之前种下的因导致的,销售顾问不仅仅要训练嘴上的功夫,更要认真训练自己耳朵上的功夫,只有耳朵训练好了,嘴上才不容易出错。

处理步骤：

步骤一：判断遗憾大小

步骤二：遗憾大，寻求新方向

步骤三：遗憾小，化反对问题为卖点，继续向前推进

处理结构： 判断遗憾＋换方向，判断遗憾＋化反对问题为卖点

模拟作业：（小遗憾）说实话，除了这颜色有点接受不了之外，其他部分真的都还不错！

关键词十：如果是以……我觉得……

重要等级： ★★★

销售现场案例：

- 如果是以同类品牌来说，我觉得你们的价格真是太高了！
- 如果是以这样的面料来说，我觉得你们的价格真是不便宜！
- 如果是以这样的价位来说，我觉得你们的商品做的还不到位！

这一段话里有两个关键词，一个是"如果是以"，一个是"我觉得"，而这两个关键词都有值得研究的地方。大多数情况下，这些句子会在顾客心里存在不满或是有疑问的时候出现。当然这句话也有可能是"如果是以同类品牌来说，我觉得你们的价格真是定的太低了！"，"如果是以这样的面料来说，我觉得你们的价格真的是很实惠了！"，这一类的话也是有可能在终端现场出现的，不过它们出现的几率比较低。即使顾客真的是这么想的，他们也只会在心里想想就算了，而不会真的说出来。他们会认为自己占到了便宜，暗自高兴，如果不说出来，还可以继续要求更低的价格，希望能赚更大的便宜。价格就是一个无底洞，低的时候还会想要更低，可能永远都不见得有满足的时候。

首先，我们来看"如果是以"这四个字，这四个字同样也是在顾客心里有对比的参照物时才会出现。"如果"是一种假设，"是以"是

参照了某一个标准,所以把这四个字换成是"假设参照",就更容易明白了!既然顾客心里已经存在一个参照物,那么找出这个参照物就是第一步,只有先了解顾客心里的参照物是谁,才能够有针对性地点对点地给予解说。在还没有找到参照物前,不要盲目回答,否则不管你讲得多么有道理,结果都很难得到顾客的认同,因为顾客心里最直接的想法是"你都不知道我是拿哪个品牌来作为标准,你凭什么信心满满地给我一通解释"。

当顾客说"如果是以同类品牌来说,我觉得你们的价格真是太高了"时,销售顾问可以先询问顾客:"请问一下,您刚刚所指的品牌都是哪些品牌呢?可以让我了解一下吗?"这时候就会有两种顾客群的出现,一种是回答得出明确品牌的顾客群,另一种就是含糊其词而说不出所以然来的顾客群。

针对第一种顾客群,只要向他们表示了解并解说差异就行,比如"我明白,都是做服装的,我对您说的那个品牌也有一定的了解,其实……"。对于这一类型的顾客,只要能把品牌之间的差异化解释清楚,基本上问题就可以现场解决。而针对第二种顾客群,我们可以大致判断顾客这么说的最大可能性就是为杀价做准备,他们所说的内容不具有任何的参考性,但是既然顾客说出来了也不能直接忽略,所以针对这一类型的顾客群我们还是得先给个台阶下,然后再解释差异,比如"没关系,其实许多品牌的商品都会有同质化的状况,不过还是会有差异的,不做服装可能不太容易分别,比如说……",帮顾客化解回答不出来的尴尬,这样可以获得顾客的好感。

处理步骤:

步骤一:通过询问找出参照物

步骤二:根据顾客所说的表示理解、认同,拉近彼此的距离

步骤三:针对品牌差异,再给予解决

处理结构: 找参照物 + 表示理解 + 差异解说

当顾客说"如果是以这样的面料来说,我觉得你们的价格真是不便

宜"时，这是因面料不同而产生的价格比较，跟前面的"不同品牌"之间的比较不同，它的重点是后面的价格。这时候"我觉得"三个字就是问题的关键所在。"觉得"是一种感觉，对自己发表的言论还留有转圜的余地，换句话来说就是对于自己所表达的意见的信心还不是非常充足，如果真是信心充分，顾客可能就会用类似于"确实"这样的字眼，而不会用"觉得"这个词了。

一旦我们掌握了顾客使用字眼时的心态，寻找解决的方案就很容易了。这时候销售顾问可以把握一个原则叫做"展现专业，高度复杂"，把商品的面料、工艺、辅料、制作流程等专业性的话术通通搬出来，用自身的专业度来超越顾客所谓的"感觉"。这时候不用担心专业知识和名词对顾客造成的距离感，因为我们正需要用这种专业的距离感来打破感觉，当我们的专业征服了顾客时，问题自然也就迎刃而解了。

处理步骤：
步骤一：表示理解，拉近距离
步骤二：展现专业，拉开差距
处理结构： 表示理解＋展现专业

当顾客说"如果是以这样的价位来说，我觉得你们的商品做的还不到位"时，这个问题的处理就会稍微复杂一些，因为这里有两个关键部分，一个是"价位"，另一个是"商品不到位"，所以在处理时我们分成两个重点来说。

猫尾巴式的思考

重点一：关于"价位"的部分。虽然表面上看起来是"价位"对比，但实则是"品牌"对比，只是品牌隐藏在价格之后。这里通常会出现两种顾客。第一种是心里有明确的对比品牌的顾客。此时可以参照"有参照物"的处理方式进行解决，比如"请问一下，您所说的'价位'指的是哪些品牌的，可以让我了解一

下吗?",通过"价位"这个词的引导,让顾客把品牌说出来,然后解说商品的优势而忽略商品的劣势,这是比较安全的做法,尽量不要让顾客把焦点放在"商品不到位"上,因为这是最难处理的。而第二种是心中没有对比的品牌,只是在价格和个人的质量预期上出现差距的顾客。这一类顾客会比较麻烦,因为他们会直接指出商品不到位的地方,比如"没有什么品牌,你看……(线头,车缝线……)"。对于这一类顾客,销售顾问只能先对顾客所指出来的部分表示抱歉与感谢,然后再提供解决方案,如换款式、拿新货、买单前为其处理细节等。

如果是商品本身的质量问题,并且是在现场以及权限范围内不能解决的,那么只要感谢对方的指教,并告知一定会将此问题向上级反映即可,比如"真的非常谢谢您,我一定会跟公司反映这个问题,请问一下您今天主要是想看上装还是下装呢?"。不管是第一种还是第二种顾客,最终都要尽快询问顾客今天的需求,迅速模糊和淡化前面的问题。如果转移不了顾客的焦点,那么顾客在现场的时间可能就不会太长了。

重点二:关于"商品不到位"的部分。建议销售顾问尽量听而不闻、忽略就行,千万不要主动触及,比如"您觉得什么地方不到位?",最笨的是还加上一句话"您都说出来没关系"。这就好比一个领导说"没关系,大家可以把我的缺点都说出来",一旦真有人开了口给了大家说的勇气,其他同事就接二连三地说了一堆,最后无法下台的人,大家猜猜会是哪位?所以一旦深究这个问题,顾客会把商品不到位的地方一一指出来,反而会增加销售的难度。

所以顾客不主动说出来,我们也不要主动去触碰。这样做主要是因为我们无法预计顾客所指的不到位到底是哪些,是属于我们可控还是不可控的因素。如上所说,如果顾客所指的并非我们力所能及的,问题就无法解决。既然顾客的问题是未知的,而且可能无法解决,那么为了防止把自己推到死胡同里，建议直接忽略，还是不要去深究，免得让自己陷入尴尬的境地。

总结：能处理的问题深入，不能处理的问题淡化！可控的问题解决，不可控的问题道歉！销售顾问不可能解决所有问题，要学会避重就轻，寻求阻力最小的路前行！

处理步骤：有参照物
步骤一：找出参照物
步骤二：针对差异，给予解决
处理结构：找参照物 + 差异解说

处理步骤：无参照物
步骤一：表示抱歉，再则感谢，虚心接受
步骤二：转移话题，转往需求，避免纠结
处理结构：抱歉 + 感谢 + 询问转移
模拟作业：说实话，如果是以同类品牌来说，我觉得你们的价格真是太高了！

关键词十一：是吗？是这样吗？

重要等级：★★★
销售现场案例：
- 是吗？
- 是这样吗？
- 真的吗？

这是几个简单的、大同小异的疑问词，都是表示顾客对于销售顾问所说的内容仍存有疑问。当顾客的观点与销售顾问的观点两者之间还没

有达成一致的共识时，顾客就会提出质疑，希望继续讨论这个话题，在不同的观点上再次确认，用以做出购买或不购买的评估。

不过要注意的是，**每一个人的表达基本上都是由"表情＋眼神＋声音＋声调＋内容"共同组成的**。严格来说，每个部分对于沟通都有一定的影响力，但是如果要把所有部分都拿出来一起研究就会显得非常复杂，所以我们这里只对内容及声音声调的变化进行分析和了解。

对于这几个疑问词如果单看字眼的话，只就它们字面上的理解进行简单处理即可，顾客有疑问，就只针对疑问之处进行解释。不过，如果我们加上声音声调的变化，就会有一些不同的含义出现，处理方式也会有所改变。

一种状况是，如果顾客提出这些问题时的尾音是正常的上扬，那就是疑问的一种表现，而且顾客对自己心中的认知并不坚定，可以影响和改变顾客观点的空间比较大。这时销售顾问可以参考两种处理方式，第一种属于简单处理的方式——肯定＋解说，即直接给予肯定的回答，增强顾客信心，比如"是的，您真的可以放心，因为……"，"您放心，我已经做服装七八年了，这个款式……"。第二种是谨慎小心的做法。如果我们的时间充分而且在处理时想要稍微谨慎一些，就可以以询问的方式先试探一下顾客的想法，比如"您可以告诉我您的想法，没有关系，您说说看……"，"其实每个人的想法都不一定相同，我的想法也不代表是您的想法，请问您的想法是怎样的呢？"先不做出解释，而是听取顾客的想法，然后再选择处理的方式，站在顾客所表达的内容的基础上，决定要继续往下进行商品解说还是顺从顾客的想法改变销售的方向。

还有一种状况就是，顾客表现出"刻意的声调上扬或是下降并且出现某些音节拉长音"。这种状况需要销售顾问提高警觉，因为它表示顾客心里有主观的想法，而且对于这种主观想法比较坚定，可被销售顾问改变的空间不大。同时，它的声音声调略带有挑衅销售顾问的意味。既然有挑衅的意味，那就代表顾客对于销售顾问的意见和解说的认同度不高，甚至对其有较大的意见和看法。面对这样的状况时，销售顾问应尽量退

第二章
关键词解读顾客内心

守而不要强攻，强攻常常只会造成彼此之间意见上的对立，对于成交是没有好处的，不要忘记衣服始终是穿在顾客身上而不是我们身上，付钱的不是我们而是顾客，即使我们觉得再难看、再不适合，也必须要以顾客的喜好为主，只要顾客满意就行。

首先，退一步客气地询问，比如"真是不好意思，我感觉您好像有不同的想法，能不能请问一下您的想法？"，"真是不好意思，请问一下您是不是有不同的想法，可以说一下吗？"，声音轻柔、以静制动，听听顾客的意见，不要再为自己的立场多做任何一句的说明。等到顾客说出意见，销售顾问就可以顺水推舟，认同顾客的意见，并以顾客的意见作为接下来销售推进的方向，迅速转进并且谦虚地征求意见，"好的，我再拿其他的款式给您看看，麻烦您再给点意见！"，"明白，您稍等我一下，我拿其他的颜色给您看看，请您再给点意见！"。

通常在这种状况下，顾客所回答出来的话可能语气会稍微偏重些，甚至在遣词用字上还有可能会贬低销售顾问的眼光，"这颜色怎么可能适合我！"，"这款式这么土，适合我吗？"，"这款式像大妈穿的，太夸张了吧！"。面对这种突如其来的否定，销售顾问一定要气定神闲，否则脾气来了，业绩就远了，不要和顾客置气，更不要和业绩置气。

虽然有些销售顾问在这样的状况下曾经有过扭转乾坤的经历，在顾客有挑衅的意味的情况下，仍然坚持自己的主观，最后挑战成功，顺利地让顾客买单，留下自己辉煌的一页销售战史，但是，我个人认为**特例就是特例，特例可能很容易引起关注，但是想要把特例变成常态，在训练上是有一定难度的**，并不是每个人都能做得到的，就算是同一个人也不是每一次都可以做得到。尤其是在短暂时间内的销售，没风险总比有风险要稳当，没冲突总比有冲突更容易把握。在销售现场个人的表现固然重要，但个人的稳定表现更是我们应该去追求的，因此不要沉浸在特例的成就感里，走出成就感才能追求更大的成就。

最后一种状况是，如果顾客的语气是一般正常的尾音下降，那就代表虽然顾客与销售顾问的意见不同，并且有否定销售顾问的意味存在，

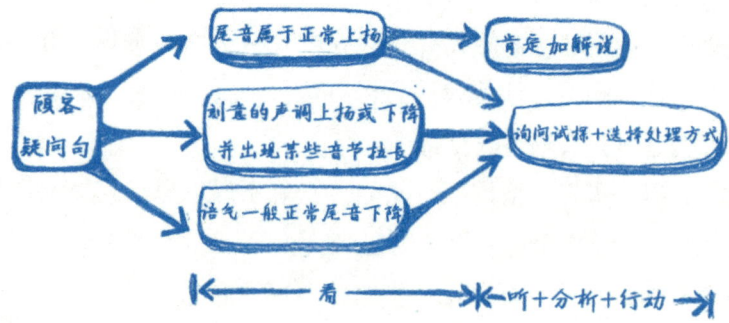

图 2-11 顾客疑问处理图

但是还没有不满到有挑衅的程度,只是单纯的不认可。他们通常比较坚定自己主观的想法,通过用下降的声调来表达自己的不满意。在这种状况下,改变顾客的空间比前面有挑衅的顾客要大一点,而且在处理上会比较简单、轻松一些,只要询问顾客"您是不是觉得什么地方不合适?我可以重新帮您推荐","是不是我推荐的商品您感觉有不合适的地方?您告诉我,我来给您重新选",让顾客说出意见,然后依照顾客的意愿调整销售的方向即可,顾客也不会在这个点上和销售顾问多做纠缠。

总结:耳朵张开才能听懂顾客的情绪,一样的做法处理两种不同的情绪,就难免会有踩地雷的时候!勿把特例当常例,一味地追求特例将会失去更多的成长机会。

处理步骤:

步骤一:听声音声调,区分上扬与下降

步骤二:判断顾客的状态

步骤三:确定策略,付诸执行

处理结构:听声辨意+确认状态+策略执行

模拟作业:(挑衅)是吗?我可很难想像自己穿这颜色是什么怪样子!

第二章
关键词解读顾客内心

关键词十二：不用了！

重要等级：★★★★

销售现场案例：

- 不用了，有机会下次再说！
- 不用了，家里已经有了！
- 不用了，我已经有搭配的衣服了！
- 不用了，这样就行了！

"不用了"这三个字代表的是顾客拒绝我们的提议，也是寻求结束话题的一种说法，希望能对销售顾问起到一定的阻拦作用。这时候的顾客可能有两种心理状态：一是真的不愿意销售顾问再往下继续话题，想彻底结束谈话，害怕销售顾问死缠烂打地啰嗦下去；二是害怕销售顾问再继续该话题结果又多了花钱的可能，挣扎再三之后欲拒还留。

其实这句话的意思与我们平常跟身边人说的"可以了，别再说了"，"够了，可以停止了"，"说的够多了，该停停了"雷同，一种是真心希望对方可以闭嘴，一个字都不想多听，而另一种是处于想听又不想听的矛盾状态，想要对方再说些什么但又害怕自己万一被说动。因此，这样的语言是不是代表完全没有再继续往下的空间呢？其实想再开发出销售的空间并非不可能，这就需要销售顾问用心留意两个方面：一是留意顾客的声音声调所表现出来的空间有多少；二是想办法找到新的突破口，将话题继续下去。

如果在"不用了"之后加上声音声调的分辨，就会有不同的意思出现。有一种情况是顾客的声音声调是坚定、肯定的，语气比较重，表情比较严肃且没有笑容，或是带着苦笑但语气坚定，这就表示他有明显阻拦销售顾问继续说话的意图，这种情况要突破销售空间就会比较困难，因为顾客已经表现出明显的抗拒。这时候与其继续推进让顾客烦躁，还不如想办法在送客、货品交付、收银等环节给顾客留下美好的印象作为收尾,让顾客还愿意凭着美好的购物印象继续来光顾我们的生意。此时的"退"非真正意义上的"退",而是为未来的"进"铺路。

还有一种是顾客心里正在挣扎、纠结,想要接受却又因为某些因素下不了决心,所以在声音声调上的表现就是迟疑,说话音量小、语气不肯定,底气不足,眼神飘移,对于手上的商品或是销售顾问的建议依依不舍,心动却又有所顾虑,语速时而会出现停顿、不连贯,"嗯……,我看……还是不用……了吧"。这种顾客的不坚定的心态很容易听出来,一方面想拒绝,一方面又希望我们说服他。面对这样的顾客,销售顾问可以穷追猛打,继续往下推进。方法有两种:一是以目前店铺现场所有的活动优惠、赠品、尺码不全、活动的有效期限这些稀缺性因素塑造"未知恐惧",最终促成顾客的买单决心;二是肯定之后再以询问的方式找出顾客的顾虑,"我觉得您自己也挺喜欢这件的(肯定),您是不是还在顾虑些什么呢(询问)?",等顾客回答之后再给予解决,然后再加上"未知恐惧"的塑造,"其实这颜色您真的一点都不用担心,您穿肯定适合,而且……(未知恐惧)!",最后促成买单。这时候的顾客用形象一点的比喻就是墙头草,哪边风大哪边倒。

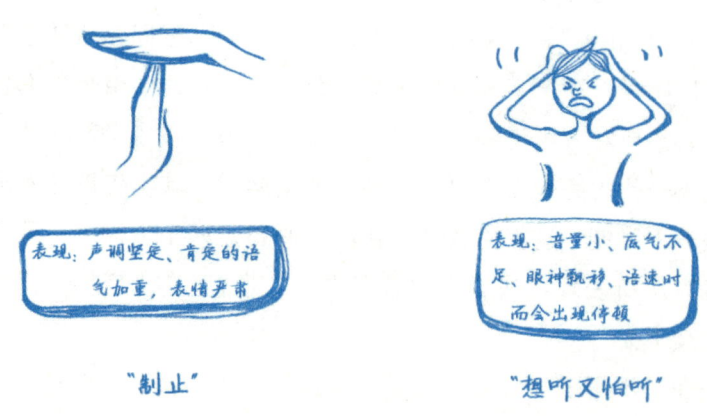

图 2-12　两种不同的心理状态

如果销售顾问真是分不清顾客实际的状态,或是对于顾客的状态把握不清,可以用再前进一小步的方式进行尝试,比如"您不再考虑考虑,

第二章
关键词解读顾客内心

我真觉得很可惜哦","真的不考虑一下,这件真的是很适合您,您说呢?"。如果顾客迟疑不决、反应迟缓,那就代表还有空间;如果顾客坚定地拒绝,"真的不用了",那么我们也就知道顾客心中真正的想法了。

什么叫做"找到新的突破口"?我们以顾客说"不用了,家里已经有很多衣服了"为例进行说明。销售顾问听到顾客说已经有了,先不要失望,顾客已经有了,但未必是什么都有,服装的款式、颜色、类别有太多的变化。所以销售顾问可以以询问搭配的方式作为新的突破口,比如"请问一下像这样的上衣,您一般的下装都是怎么搭配的呀?裤子?裙子?","您的眼光真好,这裤子您穿起来特别显身材,一般像这样的裤子,您平常都是怎么搭配穿的呢?T恤?衬衫?",从而从顾客的回答中找到错位的搭配方式去推荐商品,简单地理解就是如果顾客搭配裤子多就从裙子下手,如果顾客搭裙子多就从裤子下手,这就叫做"**错位突破**"。

还有一种是销售顾问比较容易放弃的状况,就是顾客的裤子和裙子都很多,看起来就好像无从下手了。其实只要从商品的某些特点上引发兴趣,找到差异,新的突破口就出现了,这就叫做"**同位深度突破**"。比如,"像这款其实挺适合搭配有猫须,而且有点洗旧刷白的牛仔裤,最好带有一点复古的味道,穿起来特别有感觉,请问您家里有这种类型的牛仔裤吗?"当然这时候销售顾问推荐时应尽可能选择一些设计比较特殊,而且顾客平常比较不容易拥有的一些商品,这种突破口的创造就会比较顺畅,当然这时候我们最希望听到顾客回答"不是"或是"没有"。

一旦顾客的回答是"不是"或是"没有",销售顾问就不要再用嘴说明了,要用实际快速的行动进行销售,"我拿过来您瞧瞧,如果您逛街看到类似的,您也可以考虑看看","我们这里刚刚好有一件,我拿过来您看一下样子,感觉一下,以后也多一种搭配",然后直接拿过来商品让顾客比划比划或试穿看看,通过视觉和触觉创造顾客再购物的欲望。

注意前面的那种说法,"如果您逛街看到类似的,您也可以考虑看看","感觉一下,以后也多一种搭配",这种说法的目的性比较低,是以无私、利他的立场出发,用服务带动销售,是告诉顾客一种搭配的方

式而不是要顾客再掏钱购买，对于顾客来说接受程度会比较高。让顾客掏钱顾客可能会抗拒，但是多了解一下平常如何做更好的搭配，一般顾客都会接受。只要能寻找到一个新的突破口，销售就有无限延续的可能。

总结：以利他、无私的立场将销售隐藏在无私的建议背后，除了可能增加连带销售的机会之外，对于顾客来说也是一种现场的增值服务。在做销售时，有时只要撕开一个小裂口，业绩就可能源源不断了。

处理步骤：

步骤一：听声音声调，做初步判断

步骤二：小进一步，看看真实想法

步骤三：放下或是创造新突破口

步骤四：新一轮的销售开始

处理结构：听声辨意 + 测试意愿 + 撕开裂口 + 新销售开始

模拟作业：（犹豫不决）不用了，家里已经有好几条牛仔裤了！

动物园里的一只猴子，每次吃花生的时候都先把花生塞到屁股里再拿出来吃。对此管理员解释说，因为之前有人把桃子拿来喂给猴子吃，结果因为桃核太大，猴子拉不出来，痛苦几日的猴子被吓到了，从此之后，猴子每次吃东西之前都是先量好了才吃！

现在顾客在终端现场的反应有些是日积月累被我们训练出来的结果，我们有时会经常抱怨顾客的反应，但其实造成大多数顾客产生这种反应的最大源头是我们自己。

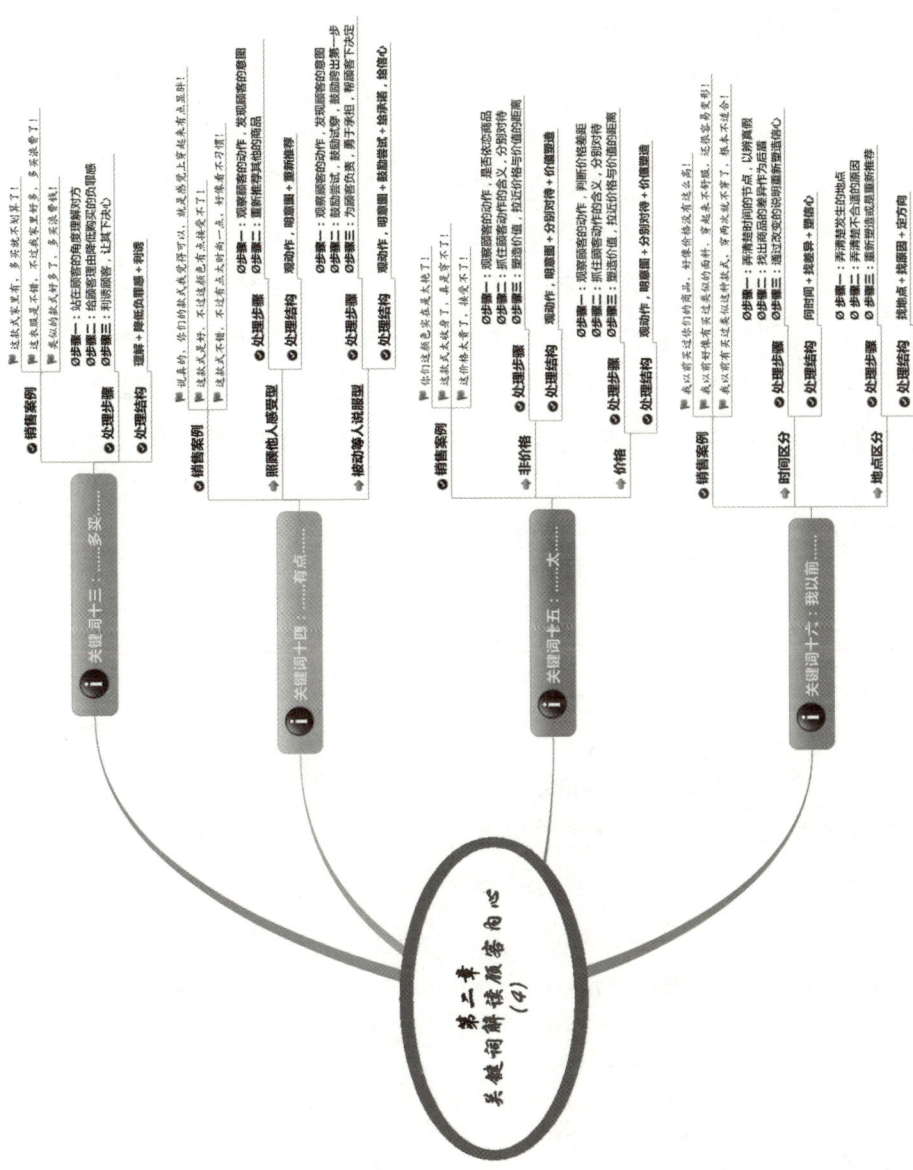

关键词十三：……多买……

重要等级：★★★★

销售现场案例：

- 这款式家里有，多买就不划算了！
- 这衣服是不错，不过我家里好多，多买浪费了！
- 类似的款式好多了，多买浪费钱！

"多买"表示顾客对商品的评估是正面的，并且曾经有过多次需求，否则也不会造成今天"多"的局面。另一方面，一个人会买到"多"，可能代表的是这个顾客的个人偏好，就像许多人比较钟情于牛仔裤，所以他的衣柜中可能会有几十件，从实用性的角度来说，早就远远超过了，但这给我们的信息是这部分顾客的个人偏好胜过理智。

现在的顾客都不缺衣服，更有甚者不但不缺衣服，还一个比一个的衣橱大。许多顾客经常会在买完商品之后就后悔或是买完商品之后一次都没有穿过就送人了。现在时代不同了，人们的要求会比较高，但发现自己的钱浪费得多了之后，再买东西时自然就会考虑的多一些。其实很多时候顾客并不是不买，而是没有找到更好的理由来说服自己购买。关于多买浪费、多买不划算这类问题，过去可能出现的较少，但现在却经常在销售现场遇到。现在顾客逛街的机会多了，购买商品的几率就增加了，但因为每一个人穿衣服的习惯很难突破，所以类似的款式就会越来越多。比如，不买黑色的衣服了，结果逛了一圈后发现买的衣服中十件有九件都是黑色的；跟自己说好不买连衣裙了，结果回到家发现只买了连衣裙……

现在的服装品牌要在款式上做到出类拔萃、别出新裁确实不容易，各大品牌经常都会出现相似的款式，所以难保顾客家里确实也有类似的商品。为了解决这些经常出现的问题，销售顾问在"多买"这两个字上确实需要多加分析和推敲，从中找到一些突破口来进行常态的销售。说真话，现在要在我们的卖场里找到一件跟顾客衣橱里的衣服完全不同的几率其实特别低，不要说女士衣服如此，男士的也是如此。所以**销售顾问需要自我培养出一种能在类似的款式中挖掘产品特有的卖点的能力**，否则销售难做是必然的。

"多买"自然是一种浪费，所以我们不要在"多"这个字上让顾客卡住，要想办法把"多"这个字换个解释，让顾客的焦点转移方向而从不同的角度去思考，只要我们能成功地证明不算"多"，销售就可以被创造出来。如果要证明不算"多"，这里有几个方向是销售顾问可以借鉴的。

猫尾巴式的思考

其一：用实用性做突破口。

只要常穿、实用性高就不算多买。就拿我自己来说，因为工作的关系，经常需要穿衬衫，所以衣橱里的衬衫特别多。但是仔细归纳了一下，总有几件已经很旧、要淘汰的，也有几件颜色不是特别满意并不经常穿，而真正令我满意且常穿的只有几件，所以出去逛街时虽然常常以"多买浪费"为借口，但是碰到合适的还是会购买。因此，建议销售顾问可以从实用性的角度解释，比如"是的，如果衣服买了之后穿不着，当然就是浪费，但是像这个款式的衣服穿着的机会很多，您多几件换着穿，其实更有利于衣服的保养"，"其实像这个款式的衣服，家里都会有好几件的，不同的颜色平常也多点不同的搭配，还可以换着心情穿，多好"，"其实这个款式的衣服平常穿的机会特别多，多有几件，平常搭配起来也会更方便"。

其二：找差异点凸显商品卖点。

不管商品款式是不是一样，都要找到不同的卖点来做一些文章，比如说舒适度、透气度、面料、工艺技术、颜色等。如果真的找不到，这

时候也可以拿一些顾客不熟悉的专业知识来作为解说,用"顾客的不熟悉"作为突破口。虽然商品也许是大同小异的,但是通过用专业度来凸显之后,顾客的感觉就不一样了。我曾经用两件一模一样的商品进行过实验,不过不是对顾客进行实验,而是对销售顾问进行实验的。当时我通过语言不断地告诉销售顾问"虽然这两款看起来一样,但是实际上面料是不同的,只要仔细触摸就一定会发现,尤其你们这些销售顾问一定摸得出来",然后通过引导销售顾问用手背去触摸,再在一旁用语言引导,"您摸摸看,是不是不同?","您再多摸摸看,触感是不是有些不一样?","有感觉吗?",最终的结果是销售顾问确实产生了不同的感受,"是不太一样","是好像有些差别"。这种方法叫做催眠,其实这两件商品的面料、款式、做工根本就是一模一样的,只是通过焦点的引导而让其感觉有差异。

其三:帮顾客创造购买时机。

机会有时不是靠等待,而是靠创造。我们需要帮顾客创造一个最佳的购买机会,通过这个时机暗示顾客"不是多买,只是提前买","只是选择一个恰当的时间购买,而不是多买","在最合适的时间把以后用得着的商品先买回来"。其实顾客有时候只是克服不了自己多花钱的罪恶感,所以在买与不买之间纠结。这种心情我们应该都有过,当自己的花销超出预算或是经济比较紧张时,对于花钱都会产生一定的罪恶感,认为这时候花这些钱是一件不对的事情。"怎么就控制不了自己呢!"如果克服不了自己的罪恶感,就会尽己所能地拒绝消费,而这种力量就会变成与销售顾问之间的拔河。因此,要创造一个让顾客可以说服自己的理由,让顾客把罪恶感放下,一旦罪恶感放下了,销售自然就可以顺畅地进行了!

我们在外面消费的时候,经常也会用一些理由说服自己消费。比如,一件商品可以用十年,算下来一个月才花多少钱,比在外面吃一顿饭还要便宜;今天刚好有活动,原价贵得多,反正迟早都是要买的,现在买就可以直接为自己省下一笔钱;有时候买东西犹如无心插柳,真正想买

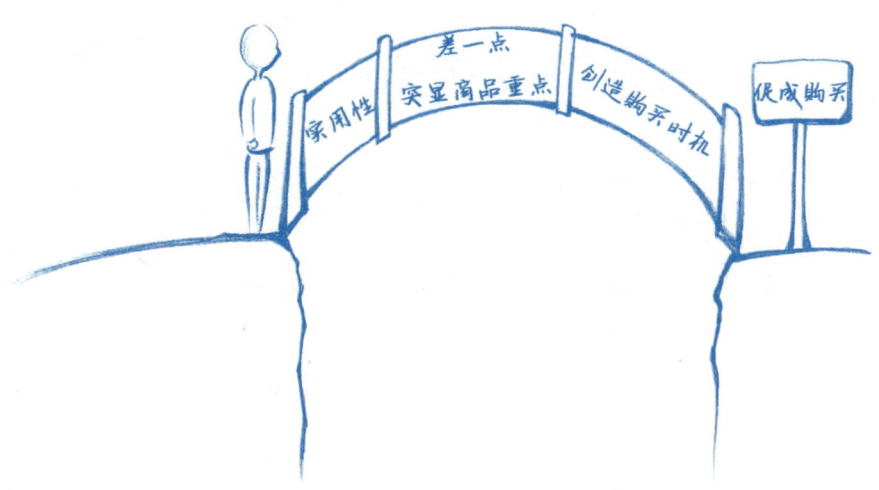

图 2-13 拱形桥——三大技巧突破顾客心理

的时候不一定找得到,难得碰到自己喜欢的,要省钱下一次再省,这一次就先别省了。虽然花钱心疼,但是在种种理由的支持下,顾客还是愿意掏钱购买商品。因此,销售顾问千万不要只站在自己的立场上思考,换位思考一下,用顾客可以接受的理由来说服顾客比强硬地往前推进要有效果。

总结:销售顾问要能将心比心,在顾客不想"多买"的时候能帮顾客想想购买的理由,让顾客在没有心理压力和负担的情况下购买商品。给顾客购买的理由,让顾客拥有自己喜欢的商品并避免心里的煎熬也是一种贴心的服务。

处理步骤:

步骤一:站在顾客的角度理解对方

步骤二:给顾客理由降低购买的负罪感

步骤三:利诱顾客,让其下决心

处理结构:理解+降低负罪感+利诱

模拟作业:这衣服是不错,不过我家里好多,多买浪费了!

关键词十四：……有点……

重要等级：★★★

销售现场案例：
- 说真的，你们的款式我觉得可以，就是感觉穿起来有点显胖！
- 这款式是好，不过这颜色有点接受不了！
- 这款式不错，不过有点太时尚了，好像看不习惯！

说这句话的会有两种类型的顾客。第一种是照顾他人感受型。这种顾客一般在说完之后会立即放下商品，如果顾客是在试衣镜前，可能毅然决然地就放弃，马上转身进试衣间换下一件。实际上这种类型的顾客在心里是接受不了的，只是客气地用"有点"来表达。通常这一类型的顾客是比较能照顾销售顾问的心理感受的，要心存感谢。

第二种是被动等人说服型。因为"有点"这个词的意思就是"大部分我都接受而且还满意，就差这么一点点就可以下决心买单了"。我们还是以试穿环节来说明，此时顾客最容易出现的动作就是老在嘴巴上说有问题，却又在试衣镜前面转过来、转过去地自我欣赏，就是不肯把衣服脱下来；或是嘴上说有点接受不了，但是又不断地触摸商品不愿意放下；或是明明已经放下了商品，却又不由自主地再次触摸商品，或是眼神老是往回看，一副舍不得放弃的样子。

如果确实已经是接受不了的话，大多数顾客会直接了当地说"太胖了"，"接受不了"，"不习惯"，而不会在否定之前加上"有点"这个词。所谓的"有点"，就是不多的意思。指的是其中一小部分而不是大部分。如果换一个角度来思考，顾客说这个词可能是在暗示销售顾问，"麻烦你继续说服我，千万不要放弃，就差一点点我就接受了，我心里其实是愿意尝试的，但是还需要一点点外在的勇气和信心来支持"。如果销售顾问这时候可以给顾客信心，那么顾客购买的几率就会很大。顺便一提，如

第二章
关键词解读顾客内心

果顾客的说法是"好像（感觉、会不会）有点显胖！",就代表问题的症结点连顾客自己都不确定，这样的说法更便于销售顾问往下推进。

许多顾客在穿着上还是希望能有一些突破，不希望一成不变，永远用一种形象或是同样风格展现在众人的面前，不仅让他人视觉疲劳，可能连自己也早已经视觉疲劳了，所以现在有越来越多的顾客愿意花钱请穿衣顾问陪他逛街，陪他选购衣服，用花钱请顾问的方式来突破个人形象的瓶颈。尤其现在的人大多是有工作在身，需要与人交际，能做到不在乎他人的眼光的人少之又少。穿衣打扮除了给自己看之外，更多的是给别人看，希望能得到他人的赞美和欣赏，从而肯定自己。不然我们就不会在穿新衣服上班的时候特别开心，特别希望有人可以注意到了。

但是要跨出改变的那一步，有时候总是非常困难的，心里有期待，但是勇气又不够。基于**不负责任的原则，有时顾客也不希望主动去承担改变之后的结果，所以大多数人希望这样的改变是由他人来建议、促进，自己只是一个被动配合的角色**，这就叫做"半推半就"，最终"好"就由自己享受成果，"不好"则希望有一个替死鬼可以帮忙承担，有一个可以最终推卸责任的方向，而不愿意由自己承担改变之后不好的后果。所以大多数女人换发型时最常扮演替死鬼角色的就是发型师，这是同样的道理。如果朋友说这个发型剪得真好，那么这个改变最主要就是源于自己的想法，"我想染这个颜色好久了"，"我很久之前就想要烫一下，改变一下风格的"，甚至还可以就此而说出一番道理，并且鼓励他人改变。但如果朋友说这个发型不好看，那么接下来就会把发型师批评一通，埋怨发型师搞破坏，并且说自己剪完头发之后就已经多么生气，发型师当场就被自己骂得有多惨，"都是他建议我染这个颜色的，我过两天就去染回来"，"都是他叫我烫的，我本来不想的，都是他一直说比较适合我，结果烫完我就后悔了"。说穿了，改变始终是自己的想法，如果没想法谁也不可能改变你，正所谓"马不喝水，谁能把马的头按下去"。

销售顾问有时候就必须要有勇气去承担这样一个可能是替死鬼的角色，给顾客信心和勇气，多给一些个人专业的保证，"其实您放心，别人我不敢说，以您的肤色，这样的颜色您穿起来肯定会特别出色"，"其实

您可以相信我,我做服装这么长时间,经常给顾客建议,这款式一般的人是穿不起来的,不过以您的气质,绝对没有问题的,这个部分我敢跟您保证",不要担心这样的说法会有什么问题,因为如果顾客心里不愿意尝试,他就会选择放弃,我们也不用强求。但是,如果顾客愿意尝试,那么销售顾问说出的这些话反而会得到顾客心里的感谢,因为销售顾问愿意当他推卸责任的对象,对于这样一个勇于承担责任的人,顾客当然从心里接受并感谢他。

我以前的穿着就是以素色、简单的款式为主,对于稍微偏休闲的款式总是心里想尝试,但是又鼓不起勇气,更不要说稍微偏时尚一点的款式了。每次当销售顾问帮我推荐一些偏休闲的款式时,我都想要尝试,但是又下不了决心,跨出第一步总是那么难。最后也是遇到了一个大胆的、愿意当替死鬼的人,我才开始改变了自己的穿衣风格,现在我的服饰基本上都是以休闲的风格为主,反而素色保守的款式少之又少了。这就是顾客的心理,说复杂不复杂,说简单又是极其简单,但是不懂的时候确实可能会出现"丈二和尚摸不着头脑"的状况,不知道顾客到底想要做什么,为什么嘴上说有点接受不了却又总往那件商品上靠拢。其实顾客正在等待,等待一个知道他心里的想法并愿意为其承担责任的销售顾问出现。

总结:要从顾客的用字当中揣摩顾客的心理,从微小处发掘大业绩,成为顾客的知己,成为市场上少数懂他的销售顾问,自然顾客也会以他的忠诚度作为回报,成为我们稳定的顾客资源。

处理步骤:照顾他人感受型
步骤一:观察顾客的动作,发现顾客的意图
步骤二:重新推荐其他的商品
处理结构:观动作,明意图+重新推荐

第二章
关键词解读顾客内心

处理步骤：被动等人说服型
步骤一：观察顾客的动作，发现顾客的意图
步骤二：鼓励尝试，鼓励试穿，鼓励跨出第一步
步骤三：为顾客负责，勇于承担，帮顾客下决定
处理结构： 观动作，明意图＋鼓励尝试＋给承诺，给信心
模拟作业： 这款式不错，不过有点太时尚，好像看不习惯！

关键词十五：……太……

重要等级： ★★★

销售现场案例：
- 你们这颜色实在是太艳了！
- 这款式太收身了，真是穿不了！
- 这价格太贵了，接受不了！

从原来的普遍认知的基础上再往上一个或多个等级就是"太"这个字的解释。比如，"太过分了"，"太离谱了"，"拖得太久了"，就是比过分还要过分，比离谱还要更加离谱，比久还要拖得更久的意思。如果用时下年轻人使用的时尚字眼来表达就叫做"超"，"超过分"，"超离谱"，"拖得超久"。不过，要注意的是当顾客使用这个字眼时可能存在两种意味：一种是真的在认知上已经超过了自己的标准，因意外而发出惊叹，这种人一般会立刻放弃，转移方向，不在无谓的商品上浪费时间，比如商品确实收身得让自己穿着不舒服，或是穿上身之后发现自己真的是驾驭不了这个颜色；而另外一种则是顾客在刻意夸大认知的差距空间，以作为后面谈判筹码的铺垫，故意借这个字来造成谈判对手的心理压力，以取得谈判的上风并掌握谈判的主动权，"我可以买，但你要知道这商品不是我最满意的"，用一点点遗憾作为后续要求的开始。与第一种的毅然决然不同，这种顾客会在商品上流连，不会立刻放弃，比如顾客嘴上总

说太收身或是颜色接受不了，但是又不换掉，一直在全身镜前从各个角度欣赏自己。

尤其是顾客把这个"太"字用在对价格的认知上时，就很有可能只是一种夸大的用词，所以销售顾问不要急于解释，微笑着面对并继续在商品的卖点上努力就行，"其实最重要的是您穿起来好看，像我们……的设计……"。这时候如果在价格上进行解释，"价格的部分其实已经很优惠了……"，顾客就已经占了上风。

图 2-14　顾客常用语

我自己也经常会借助这个"太"字为商品杀价做准备，企图让销售顾问掉进我的圈套里，销售顾问越着急，我的杀价胜算就会越大。其实这时候销售顾问可以观察我的行为表现以判断我的真实状况。一种是我真的认为价格实在太高了，而且远远超出我的预期，这时候的我就会放下手中的商品，说一句"太贵了"，接下来就不会在这件商品上继续关注或交流，连一点试穿的意愿都没有，因为即使杀价也不可能杀得了太多，与其浪费时间，不如转移方向、直接放弃。而另外一种就是口不对心，嘴巴上一直说"太贵了"，但是却仍旧花时间关注此商品，并没有放弃或是离去的动向。这时候我心里有两种想法，一个是其实商品价格并不高，但是基于能买便宜就一定不买贵的原

第二章
关键词解读顾客内心

则,还是要为杀价做好铺垫;而另一个是价格确实高,却还不到自己接受不了的程度,如果真要购买,还是在自己的能力范围之内的,但是如果价格可以稍降一点,心里的接受程度就会更高,买起来也更划算一些。但不管是哪一种都代表销售可以继续,顾客还有购买的可能。所以销售顾问可以根据顾客的行为进行判断,提高对于顾客现场的把握程度,判断是差距太大购买的几率很低,还是仍在顾客的承受范围内,可以继续努力。判断的结果不同,策略的选择也就随之改变。

除了用在价格上之外,顾客还经常会把这个"太"字用在对商品本身特性的形容上,如太大、太小、太收身、太年轻、太商务等。这时候"太"这个字除了是为杀价做铺垫外,最重要的就是要表达在不改变现有商品条件的情况下,顾客能够接受沟通的空间有限,如果顾客还在"太"字上加重音来表达的话,那么这原本有限的沟通空间就更加微乎其微了。遇到这种状况,销售顾问就要有心理准备,原本推荐的这件商品能再往前推进的几率不高,最好心里开始盘算下一个或是下两个备选商品的方向,在顾客有限的购物时间里,赶紧为他寻找更有发展空间的商品。

尤其面对男性顾客更要提高警觉,因为一般男性消费者购物的目标明确,不太会毫无目的性地主动逛街,购物的主动性较女性被动很多。女人会在商品上货比三家,而男性则习惯在自己所熟知的品牌、专卖店、销售顾问那里进行消费,没有过多的耐心在选择上,因此尽量避免重新选择而造成困扰。女人会花很多时间逛街就为了买一件衣服,男人则会积累很多需求之后一次性搞定。女人喜欢逛街购物的感觉,而男性则不喜欢拖泥带水浪费时间,比较喜欢速战速决。

基于以上不同,男性顾客会比女性更愿意明显、清晰地表达出自己的意见。因此,男性顾客一旦表达出自己的意见,这种意见就不会有过多的遮掩,一般都是较为真实的。所以"太"这个字如果是男性顾客在使用,一般指的就是可以换其他款式了,但如果是女性顾客,那么真实的意图就需要再经过琢磨才行。改变对男性顾客来说要比女性顾客难很多,所以男性顾客比较容易出现从一而终的穿衣方式,甚

至是一两个颜色穿一辈子，打死都不会换。因此，销售顾问不要以对待女性顾客的方式对待男性顾客，企图通过不断地说服来改变男性顾客，在这一点上强攻让男性顾客出现逆转的机会不大，反而有时不关注男性顾客的声音会导致其更强烈地表达不满，好心却办了坏事。最好的方式是快速配合顾客的意愿调整销售方向，而这一类的销售顾问通常比较容易获得男性顾客的满意和追随，对于啰嗦、不断企图改变男性顾客意愿的销售顾问，则比较难获得男性顾客的青睐。

我曾经也有过不断被解释说服最后逼不得已只能严厉对待销售顾问的经历。当时我强调裤管太窄，穿起来不舒服，销售顾问却一直坚持要我尝试看看，并强调穿起来腿会显得比较修长，只是不习惯而已，而且这是比较流行、时尚的一种款式。听她说完之后，我当时的想法就是"她是在暗示我腿短吗？"。因为实在不想在购物上浪费太多时间，所以最后我用一句话斩钉截铁地结束了这样的话题，"到底买了之后是你穿还是我穿"，"是我穿起来不舒服还是你比较不舒服"，销售顾问这才心不甘、情不愿地开始介绍其他商品。

总结：一个字的差异，对于懂销售的顾问来说里面的天地无限宽广，而对于不懂销售的顾问来说就根本没有差异。业绩的高与低，运气只能决定一时，真正的实力和能力才是最安稳的永恒依靠。

处理步骤：非价格

步骤一：观察顾客的动作，是否依恋商品

步骤二：抓住顾客动作的含义，分别对待

步骤三：塑造价值，拉近价格与价值的距离

处理结构：观动作，明意图 + 分别对待 + 价值塑造

处理步骤：价格

步骤一：观察顾客的动作，判断价格差距

步骤二：抓住顾客动作的含义，分别对待

步骤三：塑造价值，拉近价格与价值的距离

处理结构： 观动作，明意图＋分别对待＋价值塑造

模拟作业：（顾客依然没有放下商品）这价格实在是太贵了，接受不了！

关键词十六：我以前……

重要等级：★★★★

销售现场案例：

- 我以前买过你们的商品，好像价格没有这么高！
- 我以前好像买过类似的面料，穿起来不舒服，还很容易变形！
- 我以前买过类似这种款式，穿两次就不穿了，根本不适合！

针对"以前"这个词，销售顾问有两个部分要做区分：一是时间上的区分；二是地点上的区分。

我们先就时间上的区分来分析一下，"我以前"代表的不是现在，而是过去，至于"以前"到底是多久以前，顾客其实并没有做明显的表达。所以此时销售顾问在回答时有两点需要注意：一是不要马上反应，"应该不会呀"，"应该不是在我们品牌吧"，"我们这面料不会变形的"，这会让人有推卸责任的感觉，如果顾客斩钉截铁地继续说"就是你们这个品牌"，就造成尴尬的局面；二是销售顾问不要用自己的认为去定义时间的节点，一旦用自以为的时间去做判断，大多数销售顾问就会直接跟顾客说明现在的商品情况，这样的回答对顾客来说不一定能够起到解惑的作用。但如果能确定时间的长短，对销售顾问处理顾客疑义可以起到一定的辅助作用。大家可以通过以下两种场景的描述来体会顾客的感受。

场景一：

- 顾客："我以前买过你们家的商品，好像没有这么贵！"
- 销售顾问："我们的商品这几年也不断地在进步呀，所以价格也

一定会跟以前有差别的!"

场景二:

- 顾客:"我以前买过你们家的商品,好像没有这么贵!"
- 销售顾问:"是的,我们这几年价格上是有些调整!请问一下您是多久之前买过我们家的商品呢?"
- 顾客:"应该有两三年了!"
- 销售顾问:"那确实是有一段时间了,我们的商品这几年确实有很大的变化,比如说……"

用第二种场景的处理方式有几个好处。

猫尾巴式的思考

其一:当顾客说出两三年的时候,自己也会意识到任何一个品牌都不可能两三年的时间内都没有变化,且不说商品的变化,就算商品没变化社会的物价指数也在变化,现在在路边随便吃一碗面都要多花好几块钱,物料、人工、物流的花费没有一个是不上涨的,所以要用几年前的价格来买现在的商品,本来可能性就不大,顾客自己也会有一定的意识,这样自己就给自己解答了。

其二,我们可以从顾客的回答中大致判定顾客以前是不是真的购买过我们的商品。有些顾客以前并没有来消费过我们的商品,可能只是听身边的人说过,甚至根本没有得到过我们品牌的任何信息,所以这时候顾客可能说不出明确的时间,"忘记了","确切时间记不得了","就几年前吧,具体不记得了"。顾客这样说只是想以此拉近彼此之间的距离,借此暗示销售顾问"我对你们有一定的了解,是老顾客,所以别坑我,该给的折扣要给,该给的赠品也要给",这是消费者在消费时无安全感的一种表现。

第二章
关键词解读顾客内心

其三，如果是品牌的老销售顾问，顾客所说的时间正好可以给我们一些清晰的回忆作为接下来应对方向的链接。比如，顾客的回答是前年，那么销售顾问就可以回忆一下这两年公司在商品上做了哪些技术、设计、面料上的调整，过去的是怎样，现在的是怎样。这些调整的信息就是我们可以给顾客明确解说的内容，通过这些内容对顾客的疑问给予合理化的解释。顾客并不是接受不了涨价，而是接受不了没有理由的涨价。

许多销售顾问有时候会反映，公司商品的涨价顾客接受不了，其实这并不是正确的认知。现在所有的消费都涨价了，但是面对各种消费品的涨价我们还是照样消费，时间久了就没感觉了，其实顾客也是这样的心理。更何况如果商品有进步，为什么不能涨！当然如果我们心里不清楚公司的商品究竟在哪些方面进步了，"比顾客还要顾客"，那么面对顾客的疑问，就不能理直气壮地给顾客答案了。

下面我们就地点上的区分进行分析。顾客究竟是在我们的品牌里所进行的消费还是在其他品牌里所进行的消费，地点也是至关重要的信息。不过，我以前只要在终端现场提出这样的问题，尤其这个问题是负面信息的反馈时，销售顾问经常就会急于撇清关系，马上询问"是买的我们的品牌吗？"。其实"是买的我们的品牌吗？"这句话的方向没错，但是其表达方式会让顾客感觉不舒服，就像是一根针直接刺进顾客的心脏，因为疑问句前面没有加上一段前引，很容易在不知不觉中透露出攻击性。遇到这种情况，我曾经给销售顾问的最糟糕的回应是"不是，是我自己做的，自己缝的，跟你没关系"。大家可以通过以下两种场景来体会顾客的感受：

场景一：

- 顾客："我以前买过类似的这种款式，穿两次就不穿了，根本不适合！"

- 销售顾问："是在我们家买的吗？"

场景二：

- 顾客："我以前买过类似的这种款式，穿两次就不穿了，根本不适合！"
- 销售顾问："真是很不好意思，冒昧地问一下您之前是在我们品牌购买的吗？"

很明显，第二种问法会让人舒服很多，顾客一旦感觉到舒服，接下来的回答自然也会礼貌、客气很多。很多销售顾问会抱怨顾客不懂得尊重人，其实顾客不是不懂得尊重人，而是顾客会根据对方表现出的素养和素质来区别对待。就拿我们自己来说，当我们面对素质层次比较高的人时，我们在说话的时候就会相对谨慎小心许多。顾客的态度就像一面镜子，我们怎么做，对方就怎么回应。

如果顾客的回答是"不是在你们品牌"，销售顾问马上就会松一口气，表情也立马松懈下来，甚至得意洋洋地继续说"我们品牌的衣服你放心，我们都是做老顾客生意的"。但如果顾客的回答是"就是在你们家买的"，许多销售顾问接下来可能连问都不问就直接转移方向，"那要不看一下其他的款式，我们刚到很多新款"。此时顾客就会想："我刚刚的问题你都没有交代一声，摆在面上了都直接忽视不管，现在还想要我马上再花钱去买新款？"其实解决的关键在于两个部分。

猫尾巴式的思考

其一：在什么品牌买的。

因为只要知道品牌，就可以针对差异给出回复，同时也可以用我们的优势帮顾客建立再尝试的信心，"那我理解了，其实每个品牌的优势不同，我们的版型是同类品牌里最好的，您可以试一下我们的，感受一下，反正都已经过来了，试一下也无妨，您说是不是？"

第二章
关键词解读顾客内心

其二：不合适的原因是什么。

可以直接问"请问一下，您觉得是什么原因不合适，我帮您参考看看，是衣服不好搭、颜色不适合还是版型不好穿？"，有针对性地解决就行。就像我经常开一个玩笑：有些管理者会说"这些员工不行"，员工到底哪里不行？是心态不行，技能不行，还是长相不行？如果是心态不行就多沟通，技能不行就常培养，长相不行就要立刻送韩国！只有问清楚原因，才有助于我们接下来的推荐。即使我们要重新推荐其他的款式给顾客，这样也会比较有针对性。

总结：以前代表的不是现在，搞清楚时间的差距，弄明白事件发生的地点，才能有效地抓住解决问题的关键。顾客既然提出问题就必定有他的顾虑，没有解决顾虑，前进的脚步自然缓慢。

处理步骤：时间区分
步骤一：弄清楚时间的节点，以辨真假
步骤二：找出商品的差异作为后盾
步骤三：通过改变的说明重新塑造信心
处理结构：问时间 + 找差异 + 塑信心

处理步骤：地点区分
步骤一：弄清楚发生的地点
步骤二：弄清楚不合适的原因
步骤三：重新塑造或是重新推荐
处理结构：找地点 + 找原因 + 定方向

模拟作业：我以前买过类似这种款式，穿两次就不穿了，根本不适合！

佐罗与情妇约会，情妇问："要是我丈夫回来了怎么办？"佐罗说："我就从窗口跳下去，我的马会在楼下接着我的。"过了一会，天下起大雨，突然传来敲门声，佐罗飞身跳出窗外，情妇便去开门，只见门口站着一匹马，对她说："你告诉佐罗一声，外面下雨了，我在楼道里等他。"

太过于依赖个人的习惯有时未必是好事，因为市场是变化的，消费者是变化的，甚至竞争对手也是变化的，如果以不变应万变，最终被淘汰的就只有自己。

第二章
关键词解读顾客内心

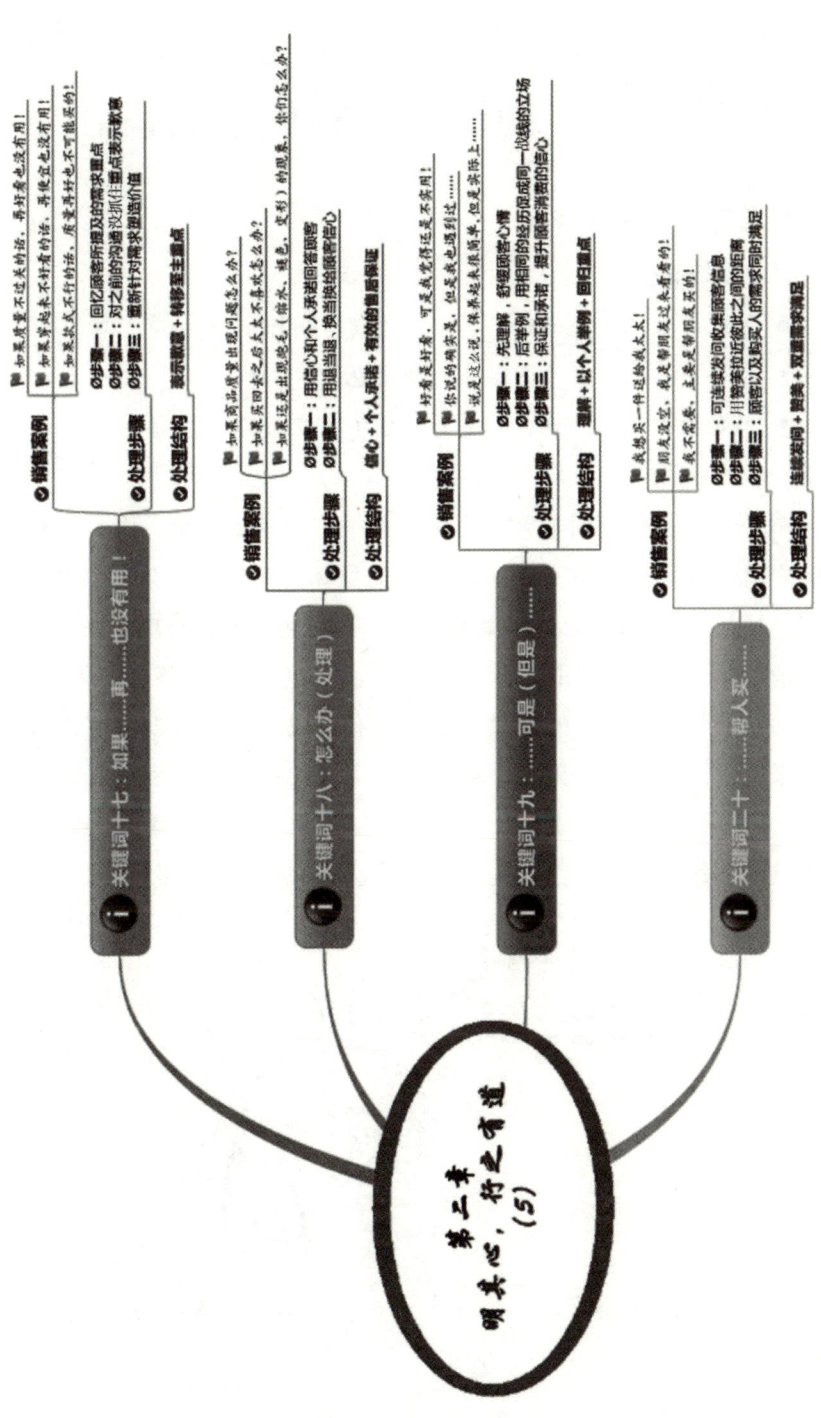

关键词十七：如果……再……也没有用！

重要等级：★★★★

销售现场案例：

- 如果质量不过关的话，再好看也没有用！
- 如果穿起来不好看的话，再便宜也没有用！
- 如果款式不行的话，质量再好也不可能买的！

这样的句子出现时通常还会伴随着一些不满的情绪，因为要对销售顾问之前一再强调的重点表达出否定的意味，所以才用这种"以'前'否定'后'"的句子来跟销售顾问对应。这种句子最容易出现在顾客的焦点与销售顾问所强调的重点不一致的情况下。也就是在整个销售过程中，顾客的需求与销售顾问的聚焦一直都没有达成一致，所以顾客用这样的句子来反驳销售顾问的论点，再次强调个人的意愿，希望销售顾问可以回到自己所要求的重点上来，不要再用次重点来掩盖主重点，因为这些次重点并不是自己最关注的地方，即使认同次重点，它们加起来也不足

图 2-15 关注顾客需求

以让自己下定决心买单。

"二八法则"指的是少数 20% 的因素影响了主要 80% 的购买决定，而多数 80% 的因素只影响了顾客 20% 的购买决定。因此，**如果主需求没有被满足，即使再多的次需求满足了，最终也只能影响顾客购买决定的 20% 而已**，对于成交起不了关键作用。

所谓的次重点和主重点并不是一个固定的模式，而是随着顾客的需求变化而变化的。所以销售顾问要做到两点：一是不要掉进习惯的误区中，比如，平常遇到的问题多为价格问题，结果价格就变成了自己与顾客沟通时排都排不开的主旋律，忍不住想提醒顾客价格上的优势。我在商场里经常会听到一句迎宾语"欢迎光临，现在全场八折"，有时心里在想，这句话是品牌规定的吗？因此，销售顾问要注意每个顾客的需求不同，要能灵活转换顾客需求主次的排序，不能一成不变。二是不要以一般人的喜好来涵盖所有人的喜好，尤其是做女装销售的销售顾问特别要注意这一点。比如，大多数人进店的焦点都集中在款式上，而刚好有个人平常穿衣习惯简单朴素，更重视质量和合身的版型，如果销售顾问不了解这一点，在销售过程中就会出现不断地忽视主重点而强调次重点的现象。比如：

- 销售顾问："像这个款式，有……设计，……设计……！"
- 顾客："其实我觉得款式只是一方面，版型穿起来舒不舒服最重要！"
- 销售顾问："我们的版型您放心，像这个款式，颜色……，平常搭配……！"
- 顾客："如果版型穿起来不舒服，款式再好看也没有用！"

顾客不是不想理会销售顾问，而销售顾问也没有主动逃避顾客需求的意思，但是重点不一致却给顾客一种逃避的感觉。这就会造成顾客产生疑虑：是这个部分做的不好或者销售顾问对于这个部分信心不够，还是销售顾问经验不足所以对这方面了解不清，因此才不敢在这个部分上多做解释，顾左右而言他？

我就曾经遇到销售顾问出现这种状况，我问 A，他强调 B，我问 C，

他还是强调 B，我每摸一件衣服，他就会在简单说明之后强调"很划算"，"这件打几折"，"这件要不要试穿看看，现在打几折"，我最后就提醒对方"折扣不是最重要的，如果穿起来不好看，再便宜也没用"。有时我也会自我反思一下，是不是我看起来就是一副贪小便宜的样子，所以销售顾问才会一直跟我强调折扣。针对这个问题，我曾经在销售现场问过销售顾问："为什么总跟我强调折扣呀？"而销售顾问的回答真是"单纯"的让我不知如何回答："不是啊！因为你拿的这几件都是有折扣的，所以我要告诉您呀！"

　　销售顾问说的是事实，但是顾客是不是真的在意这个问题？这个真的是因人而异。不断地强调折扣总是能得到正面的促进吗？其实不然，这样的行为有可能会令顾客产生负面的感觉，销售顾问有时也需要认真思考一下。其实是要说明有折扣，但是不一定一开始就讲，当顾客喜欢某一款式时再讲折扣就会对成交有更大的促进作用；如果顾客不喜欢，每件都强调折扣只会让顾客觉得这个品牌不值钱。

　　销售顾问要有这样一种认知，折扣对某些顾客来说确实有吸引力，但是一般会被折扣吸引的顾客也不喜欢被人当作只认折扣、贪小便宜的人，所以总是逢人便强调自己不是一个贪小便宜的人，就是被人认为是贪小便宜的人。比如说，一个没钱的人不会喜欢经常听到"没钱"这两个字，一个胖的人也不会喜欢经常听到"胖"这个字，**即使是一个专门为折扣而来的人，也未必喜欢"折扣"这两个字一直在耳边响起**，这是人之常情。

　　因此，如果要能做到快速成交，销售顾问就可以在抱歉之后及时改变沟通方向，以顾客的需求为重点重新锁定、重新强调去塑造价值，"不好意思，其实质量的部分……"，讲顾客愿意听的，而不是讲自己认为重要的。**有效的沟通绝对不是我说完就行，在说完之后能产生效果才最重要**。

　　这里要强调一个重点，现今的销售现场许多销售顾问喜欢用折扣吸引顾客，其实这是一种对自身品牌以及对自己能力不自信的表现。一个品牌一定有非常多的卖点可以吸引顾客，品牌的价值除了公司给予训练

第二章
关键词解读顾客内心

之外，更需要销售顾问自身去挖掘。**折扣是促销时的一种手法，也是降低门槛让顾客体验品牌的一种方式，但绝对不是唯一一把可以跟顾客厮杀的利剑。**

一个对自己充满信心的销售顾问，他会采取多种方式、用技能与知识战胜顾客，从而促成成交。而一个对自己不自信的销售顾问，则总是采用"利诱"的方式吸引顾客，最终围绕在自己身边的顾客都是一些斤斤计较、对价格挑三捡四的顾客，要完折扣要赠品，要完赠品抹零头。要弄清楚自己到底是什么样的销售顾问，其实只要观察一下经常出现在自己身边的顾客群就行，从这些顾客身上共有的特质去总结，很快就会知道自己在销售现场的表现如何了。

折扣一定要基于商品的价值和卖点才有意义，大多数顾客不会为了单纯的折扣来购买我们的商品。 如果顾客不喜欢商品，那么折扣再低都可能起不到太大的作用，除非折扣已经低到让顾客觉得买了穿不穿都无所谓的程度。所以在销售中要以商品的卖点和优势为主，折扣为辅。**只有充分体现出商品的价值之后，折扣的力量才会更大。** 所以销售顾问需要锻炼自己解说商品的能力，而不是一味地盲目相信折扣是万能的，开口闭口都是折扣，这样只会让顾客错以为这个品牌除了便宜、折扣之外一无是处。

总结： 折扣很重要，有意义的折扣更重要。如果顾客对商品本身已经缺失兴趣，那么折扣再低也不会让顾客有捡到大便宜的感觉。对于品牌来说，降低了利润，却得不到顾客的忠诚，甚至让顾客慢慢养成没有折扣就不消费的习惯。

处理步骤：
步骤一：回忆顾客所提及的需求重点
步骤二：对之前的沟通没抓住重点表示歉意
步骤三：重新针对需求塑造价值

处理结构： 表示歉意 + 转移至主重点

模拟作业： 如果穿起来不适合自己，再便宜有什么用！

关键词十八：怎么办（处理）

重要等级：★★★★

销售现场案例：

- 如果商品质量出现问题怎么办？
- 如果买回去之后太太不喜欢怎么办？
- 如果还是出现跑毛（缩水、褪色、变形）的现象，你们怎么办？

这是顾客在询问"处理方式"时最常使用的词语，而且大多数出现在买单之前，主要是询问品牌关于售后的处理方式，也有一部分顾客是因为过去有不愉快的购买经历，所以会在一开始或是销售过程中提出来。过去有一些品牌确实在售后方面没有做到严谨负责，只管卖货，不管售后，只在乎业绩，不在乎顾客的问题，所以造成许多消费者在购买商品的时候对于售后这个部分或多或少都有心理压力。顾客最害怕在买的时候销售顾问说的信誓旦旦，但买完之后一旦有问题，那就不是"谁有钱谁老大"的问题了，除非闹他个天翻地覆，还被人扣上一顶"素质不高"的帽子，不然总是得不到妥善的处理。会闹的孩子有糖吃，只要闹得够凶、够狠，那么商家就会该退就退、该换就换，只求赶紧息事宁人。

这样的状况发生的多了，有时也会造成销售顾问在面对这类问题时的压力，因此在回答上经常让人感觉闪烁其辞，不敢正面回答，结果就造成顾客信心的流失。最经常出现的状况如下：

- 顾客："如果商品质量出现问题怎么办？可不可以拿来退？"
- 销售顾问："我们可以给您换货。"
- 顾客："我问的是可不可以退。"
- 销售顾问："如果是我们质量的问题，经过检测之后，我们可以给您退！"
- 顾客："你们是怎么检测的？"

第二章
关键词解读顾客内心

- 销售顾问:"我们会把商品送回公司做质检!"
- 顾客:"要多长时间?"
- 销售顾问:"大概要十天左右的时间。"
- 顾客:"这么长时间?"
- 销售顾问:"我们从这里送去,检测完再拿回来,大概就需要这么长时间!"
- 顾客:"质检单位是第三方的吗?"
- 销售顾问:"嗯!……是我们公司的!"
- 顾客:"你们负责生产,又负责检测,这报告我怎么相信!"
- 销售顾问:"您放心,我们商品的质量不会有这些问题的啦!"

看完这一段对话,我相信十有八九的顾客对于买单都抱着缓一缓的心态,尤其是高端品、奢侈品那就更要再考虑看看了!听完这样的退货流程之后,第一感觉就是品牌在制度上设计了一个陷阱,只要顾客稍不留神就会掉进品牌的圈套,绕到最后只有品牌的权益而没有顾客的权益,一旦商品出现问题,顾客就只能在繁琐的退货流程以及遥遥无期的等待中让自己慢慢地放弃,拖久了问题就不是问题了,也许到最后顾客也没有耐心再纠结在退货上,但从此也就对这个品牌闭门不进了。

其实关于售后,建议销售顾问如果要讲就一次讲到位。如果每一次说完背后都好像暗藏着玄机,需要顾客和品牌之间进行斗智,就会给顾客不负责任和没有信心的感觉,如果销售顾问对自己的品牌都没有信心的话,那么顾客的信心就可想而知了。

这里提供两个步骤供销售顾问作为参考,第一步是以信心涵盖一切,不需要在售后的问题上做过多的说明,只要简化带过即可,看看顾客的反应之后再做第二步的一次性细化说明。毕竟**大多数顾客在询问售后的时候,所关注的是有没有人为其负责,而不是真正关注售后的每一步细节**。

比如,"售后的部分您放心,我们品牌已经经过了十几年的市场考验,绝对不会拿自己的信誉开玩笑,如果真有什么问题,我叫…,星期

一到星期六我都在,您可以过来,或是给打我电话我过去帮您处理都行,不过我相信您下次过来绝对是找我买衣服而不是来找我处理售后的","售后您完全可以放心,我们都有完整的售后处理流程,我一会儿给您我的名片,有问题随时打电话给我,我来帮您处理就可以了",用坚定的信心和个人的服务去承诺,让顾客感受到我们在处理售后上的诚意,一般的顾客也就不会在这个问题上再深究了。

如果顾客还是在这个问题上纠结,这时候就要进行第二步处理了。"如果商品有问题,只要是我们质量的问题,到时候看您是想要换货还是想要退货都行,您能满意才是最重要,顺便提醒您一下,您也经常在外面买衣服,最好买完东西之后将小票和发票都保留一阵子,这样子会方便一些"。不用在过于细化的处理步骤上进行说明,这时候说明越多,顾客反而担心越多。比如,"在不影响第二次销售的情况下",这影不影响第二次销售到底如何界定?由谁界定?如果顾客再往下细问,可能就没完没了了。再如,"带着您的小票和发票过来我们才能帮您处理",我们且不说顾客,就是我们做零售行业这么多年的人在外消费有时也有可能还没有回到家小票就已经不见了,相信大多数的顾客都有类似的经历。所以这样的说法有时也会让顾客的心里感觉到不安,如果顾客问"万一小票掉了怎么办?",我们可能会跟顾客说"小票不见了就不能退,所以你一定要收好"。如果我听到这样的回答,我的直觉反应就是"那我把小票放在你这里,不见了你帮我负责是最保险的事情"。

还有一种说法是"如果不是我们质量的问题那就退不了"。这样的说法是最糟糕的一种,这样回答还不如闭嘴不讲话,讲了之后顾客购买的可能性一下子就降低了一大截。现在在市场上,去餐厅吃饭如果味道太重、太咸而不满意要求退掉,即使是吃过了,许多餐厅不仅给退还会连连道歉。连餐厅都可以做到如此,服装业为什么不行?"货既售出概不退换"早就是不合潮流的说法了。一个跟不上时代脚步的品牌,如何吸引顾客消费!

因此,建议换另一种说法,以提醒顾客日常消费之后的注意事项(小票不要丢掉)为出发点,把这个部分做一个简单的说明即可。如果特意强调有时意义不大,因为我们在现场操作的实际状况是,如果顾客闹得够凶,即使没有发票、小票,该退的也退了,不该退的也退了,尤其在商场更是如此。

这里我要提起镇江的"佬土鹅肠火锅",这家火锅店除了服务做得很到位之外,在我们最后买单的环节,服务员做了一件让我诧异的事:主动提及我们还有两个没有吃过的菜,他已经帮我们退了单。这样超值的服务让我连续几天的晚餐都在那里消费,并且少点菜,吃完了之后再点,以免造成对方退单的困扰。**买与卖之间未必一定是对立的,只要双方都可以做到换位思考,买和卖之间就可以建立真正的信任,良性的互动。**

图 2-16　顾客的状态由销售顾问决定

总结:大多数刁难的顾客不是天生的,而是被我们训练出来的,所以当我们抱怨时,不要忘记,我们才是始作俑者,我们不是在处理新的问题,只是在弥补以前遗留的烂摊子而已。

处理步骤：
步骤一：用信心和个人承诺回答顾客
步骤二：用退当退、换当换给顾客信心
处理结构： 信心＋个人承诺＋有效的售后保证
模拟作业： 如果还是出现跑毛（缩水、褪色、变形）的现象，你们怎么办？

关键词十九：……可是（但是）……

重要等级： ★★★★

销售现场案例：

- 好看是好看，可是我觉得还是不实用！
- 你说的确实是，但是我也遇到过……
- 说是这么说，保养起来很简单，但是实际上……

"但是"和"可是"听起来简单而且普遍，但是一旦要处理起来就比较复杂和困难，因为这两个词表示的都是反击的意思，一般是要对之前所说的论点进行反击和推翻，因此顾客这时候的心态是希望"推翻以前，重新建立论点"。但是这种推翻不仅是推翻销售顾问之前所说的论点，同时也有可能需要推翻自己之前所说的论点，所以顾客发起反击的对象不一定是销售顾问也有可能是自己。比如，顾客在沟通过程中曾说"其实我们现在买衣服最多也就穿一两年，搞不好今年穿过明年就不穿了，谁现在买衣服还会考虑穿他个三五年"，但是后来还会一直强调质量的重要性。当然这时候顾客也不想让自己说的话前后矛盾，自打嘴巴，这就导致了"但是"的出现，"款式当然是最重要的，但是基本质量也要过得去才行呀"。我们用以上的几句话来做分析，通过实际的顾客反应来了解一下顾客的想法。

第二章 关键词解读顾客内心

例1:"好看是好看,可是我觉得还是不实用!"

这时候顾客并不希望销售顾问接下来完全不考虑好不好看,而只介绍实用的款式。他会对销售顾问提出更高的要求,希望销售顾问可以介绍一些好看又实用的款式,又或者如例句中提到的,销售顾问只需要加把力度证明这件商品的实用性即可,因为好看不好看这个部分在顾客的心里已经过关了。这时候的"可是"主要是要唤起销售顾问对于实用性的重视,因为这是顾客目前不想掏钱购买的主要原因。这时候的"可是"是"除了兼顾之前还要加上之后"的意思,表示顾客对于款式的"好看"没有否定,但是在重要性上希望重新做一个排序,因为这时候顾客把好看摆在了质量之后,希望两者都可以兼顾。这种状况的解决方式很简单,如下所示。

猫尾巴式的思考

其一:推荐类似的款式。

但是要注意款式和颜色的搭配性以及在平常场合穿着的频率,增大商品的实用价值。不过在商品解说上要注意兼顾款式好看和实用性,将两者一起强调才能达到最佳效果,绝对不能顾此失彼。

其二:强化原商品的实用性。

在原有商品的基础上,加大实用性的说明,举出例证来证明它的实用性是非常高的,比如日常应该如何做最大化的类别搭配,以及在颜色、款式上平常可以如何做多元化的组合等。只要能够证明它的搭配性、实用性,平常穿着是高频率、多选择的,那么这件商品就是兼顾了好看和实用性两个购买因素。

处理步骤:

步骤一:在原有商品的基础上加大实用性的例证

步骤二：推荐类似的款式，但加大实用性的考虑，两个重点同时强调不能顾此失彼

处理结构： 先试深入 + 后换方向 + 二者兼顾

例2："你说的确实是，但是我也遇到过……"

这种说法代表的是顾客对我们之前所说的部分是认可的，不过即便如此顾客的信心还是不够，害怕我们说一套、做一套，所以用"但是"这两个字，借否定他人来提醒我们，因此这时候更多的是有质疑和提醒的含义。"有很多人嘴上说的跟实际所做出来的不一样"，其实说穿了就是顾客对我们的信心不足，"你们千万别整到最后就变成跟我说的那种品牌一模一样了"，其实顾客最想要表达的就是这个意思。

这时候销售顾问不用急于解释，依旧先询问顾客过去的经历，最好可以把顾客口中提到的品牌挖出来，"您方便把那个品牌的名称告诉我吗？"，"看来您之前深受其害呀！请问您说的是哪个品牌呢？"。只有得知顾客口中的品牌，才有利于销售顾问比较品牌间的差异来让顾客得到充足的信心。

如果顾客不愿意言明也没有关系，因为有些顾客确实不愿意在语言上损伤他人的品牌，这时候就不用继续追问了，直接做一个收尾的动作即可。"您说的状况确实在一些品牌里会发生，其他顾客有时也会跟我们反映，不过在我们品牌里您放心……！"

销售顾问尽量不要企图用一句话"我们品牌您放心"，"我们品牌不会的"，就完全消除顾客的疑虑，有时说出来的话越随意，就越不能换得顾客的重视，说了也等于白说。销售顾问越想快快结束，顾客就越不想快快结束。既然顾客心中有比较大的顾虑，就要一点一点地把他的顾虑挖出来然后消化掉，否则迟早会有发臭的时候。

处理步骤： 愿意说出品牌

步骤一：询问过去的经历
步骤二：用差异做出专业比较

处理结构： 询问经历 + 差异比较

第二章 关键词解读顾客内心

处理步骤：不愿意说出品牌

步骤一：询问过去的经历

步骤二：用认同收尾，以增进顾客信心而结束

处理结构：询问经历＋认同＋信心建设

例3："说是这么说，保养起来很简单，但是实际上……"

这样的说法代表顾客处于比较没有信心的状态，不过不只是针对我们，而是针对很多品牌或是同类型的商品。所以这样的说法相比之前的两种说法有强烈否定的意味，基本上比较偏向"现在说很容易，是为了把商品销售给我，但实际上回去做却很麻烦"的立场。**当一个人把理论和实际分开论述的时候，基本上代表这个人所经历过的事件应该不止一次，是日积月累的抱怨和不信任**，这不叫做"一朝被蛇咬，十年怕草绳"，而叫做"经常被蛇咬，最后看什么都怕"。顾客想要表达的意思与心态很清楚，就是比较靠近不相信的这边。

比如，"像这种……面料，穿起来很好，不过就是难打理，你们说是这么说保养起来很简单，但是实际上打理起来就烦死人，平常要……不穿的时候要……换季的时候要……收藏的时候要……哪有像你现在说的这么容易！"这就是顾客对销售顾问所说的简易保养方式没有信心的表现。确实有些商品会存在类似的问题，许多面料穿的时候开心，打理的时候操心，顾客还是喜欢这样的面料，但是就是在打理上有太多不愉快的经历，因此对我们所提出的说明加以反驳。

这时候如果要让顾客相信我们所说的简易保养是可行的，比较妥善的处理方式是，先表示理解，甚至举出一个自己曾经遇到过的例子作为呼应，把自己当作受害者的角色，让顾客知道你们有共同的受害经历，借此拉近彼此的距离，"您说的这一点我深有感触，我之前也有过几次这样的经历，去年……"，甚至可以夸张一点，说得比对方还要惨，让对方的心里平衡一些，"哈哈哈，原来我不是最惨的，眼前还有一个比我更惨的"，让这些语言在顾客心里起到平衡心态的作用，让顾客对于我们接下来所讲的部分能产生更多的认同，这就是"同情弱者"的心

理反应。如果顾客愿意花时间跟我们讨论悲惨的经历,甚至安慰我们,那就是最好的结果,表示同一个鼻孔出气的局面已经形成。

我们在生活中也会有类似的经历,当我们抱怨的时候,如果突然发现对方比我们的抱怨还要大,经历比我们还要不堪,我们反而会突然之间平静下来,从抱怨者转变到安慰者的角色,通过安慰他人来抚平自己心里的伤口,当安慰结束时,我们自己的问题也解决了。

总结:顾客反击一定有他的道理,虽然不见得是我们造成了顾客过去不愉快的经历,但是不解决以前的问题就没办法拥抱现在,所以我们可以跟顾客站在一起去感受。只要我们跟顾客是在一条船上的,那么都是受害者的共识就可以建立起来了。

处理步骤:

步骤一:先理解,舒缓顾客心情
步骤二:后举例,用相同的经历促成同一战线的立场
步骤三:保证和承诺,提升顾客消费的信心
处理结构:理解 + 以个人举例 + 回归重点
模拟作业:这道理谁都懂,但是实际上……

关键词二十:……帮人买……

重要等级:★★★★

销售现场案例:

- 我想买一件送给我太太!
- 朋友没空,我是帮朋友过来看看的!
- 我不需要,主要是帮朋友买的!

"帮人买"这种状况有两个重点要注意:一是究竟是帮谁买的,这个"谁"的信息要能高度把握;二是连带销售,关注顾客的喜好,想办法推

荐商品给现场的这位顾客。这里提出几个重点让销售顾问参考,如下。

图 2-17　发现连带销售的机会

猫尾巴式的思考

重点一:销售顾问要主动多收集信息,以增加自己推荐的准确性,因为这位顾客是隐形的,基本上做不到任何视觉的判断。在进行一般的询问时尽量不要连续询问超过二个问题,以两个问题为佳,因为这样不容易让顾客产生被审问盘查的感觉,而在"帮人买"这种情景中,即使连续多问一些问题也不至于导致顾客的反感,原因很简单,"我不问清楚,怎么帮您推荐?问是为了更好地为您服务,因为您的朋友没有亲自过来。"

最基本的问题有几个,可以提供给销售顾问做参考:
- 请问一下,您是帮家人买还是帮朋友买?
- 请问一下,是男性朋友还是女性朋友?
- 请问一下大概的年龄是多大?
- 能不能请您帮我形容一下他大致的身材、身高、体重?
- 请问一下,他穿衣服的风格大概是怎样的?
- 请问一下您是想帮他买外套,衬衫,还是……?

这种帮人买的顾客其实最容易搞定，原因有以下几点：一是顾客已经有了明确的需求，确定不只是来逛街的，差别只是在哪个品牌消费而已；二是销售顾问可以很大胆地收集顾客的信息，因为本人没有在现场，所以在询问的技巧运用上会简单快速些；三是为了防止买回去之后本人不喜欢造成困扰，所以只要事先承诺如果不满意的话可以给予协助换货，为其提供购买之后的保障，顾客就容易下定决心购买；四是价格上的纠结会比较少，毕竟最后付钱的不是自己，关于杀价的部分能杀就杀，不能杀的话也比较容易妥协。

重点二：花时间为朋友出来选购衣服，这种无私的时间付出自然希望得到他人的赞美。不管是女性顾客帮女性顾客购买，还是男性顾客帮男性顾客购买，他们都会希望听到够朋友、够意思之类的赞美，所以这时候销售顾问可以多用赞美来拉近彼此之间的距离，比如说：

- 您真是够朋友，还肯特地花时间帮朋友出来逛街买东西！
- 现在的人都很忙，难得您还愿意花时间帮朋友出来买衣服呢！
- 当您的朋友真好，如果我有像您这样的朋友可得多幸运呀！
- 您的朋友真是信任您，连穿衣服的事情都放心地交给您来处理！
- 您的眼光肯定特别好，不然朋友也不可能把买衣服的事情交给您！

我是一位男士，有时候也会上街帮太太选购商品，不过被赞美的几率真的很少，大多数的销售顾问只在乎我太太的高矮胖瘦，急着帮我太太挑商品，却不太重视身为先生的我帮太太买衣服的这份心意。销售顾问要记得，**不管顾客需要给谁购买，有多大的消费能力，如果搞不定眼前的这一位，那么后面所有的购买都不会成交**。所以这时候销售顾问需要满足以下两种需求：一是隐藏在背后的那位顾客的需求；二是眼前的这位顾客的需求，有时候眼前这位顾客的需求反而比背后那位顾客的需求更加重要，有他才有一切，没他什么需求都是无从谈起。如果销售顾问这时候可以多一些赞美，比如说：

- 真是好男人，帮太太买衣服！
- 现在会出门帮太太买衣服的男人真的很少了！

第二章
关键词解读顾客内心

- 真好，我老公从来不会帮我买衣服！
- 真是很少见男人出门会帮太太买衣服的，您太太真幸福！
- 如果我有一个像您这样的老公，我肯定开心死了！

最后一句赞美的说法可以稍微解读一下，在两性关系中，身为老公都希望自己可以做得比别人的老公优秀，把别人的老公比下去，因为这样会让一个男人特别有优越感，这是雄性激素使然。尤其这句话是出自女人之口，那更是受用无比，所以在老婆不在场，老公独自一人帮老婆挑选商品的时候，这句话的力量是很强大的。另外，对于穿着，男人一般都没有女性敏感，除非是做服装的，否则一般男性对于女装很少有深入的了解，所以此时如果可以多点赞美，让男顾客开心，销售顾问就可以顺利掌握销售的主动权，那么接下来可以推荐的商品面就会宽广很多，而业绩也可以增长不少。

女性顾客帮男性顾客购买衣服时会比较挑剔一些，因为女性逛街的比例较高，她们对于时尚、搭配的了解程度也高，所以主观意识可能会强一些。如果女性顾客是帮自己心仪的男性挑选商品，那么主观意识就更强，因为**她会希望对方能变成自己精心打扮的模样，而这模样却未必是销售顾问建议打造的模样**。所以在销售过程中，销售顾问可以给予一定的建议，但尽量不要起到太多主导的作用，比如"要不我拿两个款式您看看，合不合适"，"我推荐两个款式给您看看，看您喜不喜欢"，要让顾客有大权在握的感觉，并且尽可能从顾客所表达的需求方向进行，配合是上策，过多的主导反而容易导致反感。女性销售顾问，尤其是漂亮的女性销售顾问，更容易让对方出现"意图想侵略其领地"的抗拒，除非这款式是她选择的，否则尽可能不要主动说出"这款他穿肯定好看"，"这款他肯定会喜欢"这样的话，这也是女性激素使然，不要企图去主宰她的男人。所以当遇到女性顾客帮男性顾客购买商品的情况时，赞美的重点要尽量偏向于赞美顾客本身，比如说：

- 您的眼光确实很好，这几件都很有品位！
- 光看您穿着，就可以感受到您的品位！
- 您的气质真好，刚刚我们同事都在说呢！

- 看您挑这几件，就知道您的眼光确实不一样！
- 您只要是拿上手的，都是我们品牌经典的款式！

重点三：不要忽略了对顾客自身的连带销售。一般顾客帮别人挑选商品的时候，基于"好东西与好朋友分享"的心态，选择的款式也会是自己所喜欢的款式，所以销售顾问在帮顾客挑选衣服的时候不要忘记，虽然顾客是帮别人买的，但还是可以让顾客拿衣服上身比较一下，借此看看顾客的反应。销售顾问可以在心里记下顾客对哪些款式露出了自我欣赏的表情或动作，比如，在试衣镜前面不断地转身从各个角度欣赏自己，在语言上表达出"这件其实还挺适合我的"，"这款式不适合我朋友，反而比较适合我"；又如，对于商品的搭配特别关注，或是不断地触摸面料；再如，主动要求拿自己的尺码来试穿等等。这些动作和语言都能表露出顾客对于商品的喜爱。这时候就可以用一些话题来触动顾客本身的消费，只要顾客不拒绝，就代表不反对，就等同于默认了销售顾问的说法，这时候就可以继续往下刺激顾客的购买欲望了。不一定要先满足顾客"帮朋友买"的需求，有时候搞定他自己之后再来搞定"帮朋友买"也是不错的做法，说不定最后的结果是"帮朋友买"的需求没搞定，却搞定了他自己的需求！

- 其实您自己穿这一件也挺合适的，因为……
- 过来帮朋友买，自己也可以顺便看看呀，其实像这件……
- 其实像这类商品穿的机会很多，您也可以帮自己看一下，看看自己喜不喜欢！
- 这件我不知道适不适合您的朋友，不过挺适合您自己的！
- 您穿这件真是好看！（直接当作顾客自己要买来赞美）

总结："帮人买"的顾客至少存在两种需求：一是帮人购买的需求；二是得到他人赞美的心理需求。大多数销售顾问容易把方向对准第一个需求，但是其实第二个需求反而比第一个需求更重要。

第二章
关键词解读顾客内心

处理步骤：
步骤一：可连续发问收集顾客信息
步骤二：用赞美拉近彼此之间的距离
步骤三：顾客以及购买人的需求同时满足

处理结构： 连续发问＋赞美＋双重需求满足
模拟作业： 朋友没空，我是帮朋友过来看看的！

一伙劫匪在抢劫银行时说了一句至理名言："统统不许动，钱是国家的，命是自己的！"大家都一声不吭地躺倒了。

——这叫观念转化，改变原有的固定的思维方式。

劫匪望了一眼穿着裙子躺在桌上呈"大"字形的出纳小姐，说："请你躺文明些！这是劫财，又不是劫色！"

——这叫坚持职业操守，不该干的不干。

抢劫成功回去后，其中一个新来的劫匪（硕士学历）说："老大，我们赶快数一下抢了多少？"那老劫匪（小学学历）说："你傻啊？这么多钱，你要数到什么时候啊？今天晚上看新闻不就知道了吗？"

——这就叫工作经验，这年头工作经验比学历更重要！

劫匪走后，行长说："赶紧报案！"主任刚要走，行长急忙说："等等！把我们上次私自挪用的那五百万也加上去！"

——这叫危机处理。

每个人都会有自己固有的思维模式，这种模式与我们的经验、经历、性格都有关系。这种模式成就了现在的我们，但也有可能阻碍我们未来成为更好的自己。有时最佳的成长并不是靠特殊的事件，而是靠日常看似平凡无奇却天天发生的事件。

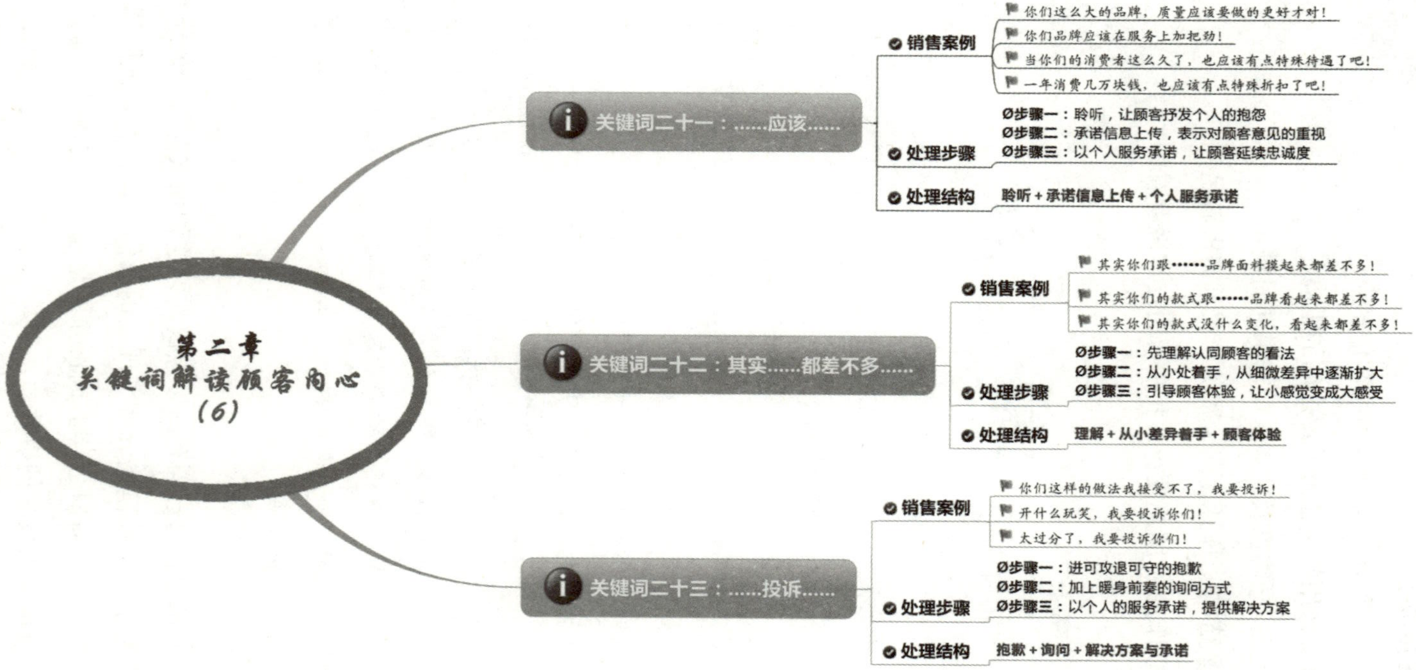

第二章 关键词解读顾客的心（6）

关键词二十一：……应该

- 销售案例：你们这么大的品牌，质量应该要做的更好才对！当你们的消费者这么久了，也应该有点特殊待遇了吧！一卡消费几万块钱，也应该有点特殊折扣了吧！
- 处理步骤：
  - 步骤一：聆听，让顾客点散发个人的抱怨
  - 步骤二：承诺信息上传，表示对顾客意见的重视
  - 步骤三：以个人服务承诺，让顾客延续忠诚度
- 处理结构：聆听+承诺信息上传+个人服务承诺

关键词二十二：其实……都差不多……

- 销售案例：未来你们跟……品牌面料摸起来都差不多！品牌看起来未来都差不多！
- 处理步骤：
  - 步骤一：先理解认同顾客的看法
  - 步骤二：从小处着手，从细微差异中逐渐扩大
  - 步骤三：引导顾客体验，让小感觉变成大感受
- 处理结构：理解+从小差异着手+顾客体验

关键词二十三：……投诉……

- 销售案例：你们这样的做法我接受不了，我要投诉！开什么玩笑，我要投诉你们！太过分了，我要投诉你们！
- 处理步骤：
  - 步骤一：进可攻退可守的歉数
  - 步骤二：加上暖身前奏的询问方式
  - 步骤三：以个人的服务承诺，提供解决方案
- 处理结构：抱歉+询问+解决方案与承诺

第二章
关键词解读顾客内心

🪶 关键词二十一：……应该……

重要等级：★★★★

销售现场案例：
- 你们这么大的品牌，质量应该要做的更好才对！
- 你们品牌应该在服务上加把劲！
- 当你们的消费者这么久了，也应该有点特殊待遇了吧！
- 一年消费几万块钱，也应该有点特殊折扣了吧！

"应该"是以"我"的标准来要求对方时会出现的词语。比如，"你应该对顾客多点耐心"，"你应该为自己的未来多努力一些"，言下之意就是以"我"的标准来说你对于顾客的耐心不够、需要调整，以"我"的标准来说你对于自己的未来努力还不够、需要加油，希望你能达到"我"的标准。这时顾客的立场是从自身的认知出发，以自身的标准来衡量和看待品牌。当然这句话出现的时候一方面带着一定的失望，另一方面也带着一定的期待，希望对方可以按照自己的标准进行调整，不奢求对方立即做出彻头彻尾的改变，至少可以看到改变是在进行中的而不是无动于衷。

当然这个角度并不见得客观，因为顾客只是从单一的视角来看，并没有从各个角度进行评估，所以观点可能存在偏见、不公平，但我们只能接受，毕竟我们无法要求顾客在提意见的时候能面面俱到，而且顾客只是来买东西的，也不会有精力跟我们一起去探讨，有则改之，无则加勉！顾客的意见都可以听，但是需要进行评估之后再决定做与不做。

"一则以喜，一则以忧"是我听到这种表述时的心情。"喜"的是顾客说出这句话表示顾客还没有到绝望、放弃的地步，所以还愿意提出要求，通过要求给对方机会。这就像人与人之间的相处，当我们还愿意给对方机会时，表示我们一方面还抱着对方可以改变的希望，

图 2-18 以"我"的标准来衡量对与错

另一方面认为对方有能力做的更好但是目前还没有做到。"忧"的是如果我们持续不改变,失望的积累的速度就会越来越快,就像我们讨厌一个人一样,刚开始的速度很慢,但是在自己快要接近放弃的时候,那速度就比火箭还要快了。要知道顾客会告知一次、告知两次但不代表顾客还会告知第三次,**建立一个顾客的忠诚度可能需要花两三年的时间,但是要论失去,可能两三个月甚至更短的时间就完全结束了。**

我曾经有七八年的时间钟情于一个品牌的鞋子,但是这两年已经彻底不再光顾了。现在即使经过这个品牌的专卖店,一点进去逛逛的欲望也没有了。虽然我心里清楚他们的商品很好,但我宁可寻求其他的品牌也不愿光顾,因为他们现在的服务已经让我彻底失望了。作为他们的 VIP 顾客,以前买完鞋之后可以免费帮忙快递,现在却提醒顾客运费需要自付;一条皮带送维修,以前可以先维修后付款,现在要先预收维修费,多退少补。我曾经抱怨过:"你们品牌对 VIP 顾客的服务越来越差了,一双鞋几千块钱,十几二十块钱的运费应该不用跟顾客去计较了吧!"他们给予的回应就是:"现在我们的 VIP 顾客太多了,成本太高!"我说:"一条皮带用了三年,自费维修我也接受,但是具体费用是多少就是多少,应该不至于先收费然后再多退少补吧,你们是担心顾客不付钱耍赖吗?"他们给予的回应就是:"我们也不知道送公司维修需要多少钱!"**其实付钱没关系,但是不被信任的感觉真的很糟糕。**

一直到现在,这个品牌给我的感觉就是品牌做大了开始"拿架子",对 VIP 顾客斤斤计较,顾客如果决定要购买他们的商品,就要先做好服从他们公司制度的心理准备。这样对我而言有很强的被该品牌"过河拆桥"的感觉,会认为他们以前的服务只是为了引鱼上钩而已,并非真的出于服务意识。我相信我不是唯一一个有这样的感觉的顾客,因为我在该品牌销售现场就见过跟我一样抱怨的顾客。七八年的钟情就因上面两次事件就结束了,最后的结果就是我已经两三年没有进过这个品牌的专卖店了,更不用谈消费了。**其实顾客不会永远给机会等终端销售顾问成长,顾客只会用最快的速度移情别恋,他们的忠诚度不是经不起考验,而是经不起一再地考验!**

所以当顾客说出"你应该"的时候,顾客一定已经在消费心态上有了动摇,出现了其他的想法,如果这时候销售顾问没有敏锐的洞察力去察觉顾客心态的变化,并赶紧做出弥补,一旦顾客决心离开,那就可能几匹马都追不回来了。许多品牌的销售顾问一方面抱怨顾客没有忠诚度,另一方面又不愿意花时间和精力做维护顾客忠诚度的事情,所以最终只会使终端的抱怨越来越多,生意越来越难做,这其中的始作俑者就是销售顾问自己。

聆听是销售顾问当下最重要的工作,在聆听的过程中千万不要去解释,一旦解释就只会让顾客感觉我们连改变的诚意都没有。更不要挑起顾客和品牌之间的矛盾,比如"其实我们都有建议过,只不过公司不改我们也没有办法","您说的对,我们也觉得这样不好,不过我们是最基层的员工,想改也改不了",这样就会让人感觉销售顾问和公司没关系,他的力量不足以改变现状,所以如果顾客忍受得了就来,忍不了就走!面对以上问题,推卸是最糟糕的处理方式,因为这

样的说法只会造成顾客和品牌之间的对立，不但于事无补，反而会导致关系恶化。

  其实，销售顾问只需在聆听过程中做到两件事情：一是点头、认同，并且表示"是的"、"我理解"、"同意"等；二是回应。但是，要注意回应并不是承诺改变，而是承诺两个部分：一部分是承诺会将顾客的意见转达给公司，只要公司做出调整，就会在第一时间通知顾客。当然，我们也知道销售顾问即使上传了信息，公司也未必会立即做出调整，所以我们只能承诺信息上传，而无法做出更多权限范围之外的承诺。另一部分是个人的承诺，比如"除了刚刚您说的之外，其他部分如果有我可以做到的，您可以告诉我，我一定做到您满意为止"，"很谢谢您一直帮衬我们，也给我们很多意见，只要是我能做到的，您放心地告诉我，我一定让您满意"，用个人的承诺来舒缓顾客的情绪，这样的做法至少可以在公司做出调整之前，让顾客把忠诚度保留在销售顾问的身上，尽可能地维系顾客，延续顾客的忠诚度。所以当顾客说出"你们应该"时，销售顾问最好的回应是"是的，您说的我理解，我一定会把您的意见向我们领导反应，只要公司一有调整我一定第一时间通知您。请问除了这部分之外您还有什么问题，只要有我能做到的，一定做到您满意为止！"

  总结：大多数顾客不会因为一次事件就对品牌完全丧失信心，顾客丧失对品牌的信心一定是日积月累的结果。所以在抱怨顾客忠诚度不容易建立的同时，我们可能更需要思考，我们究竟为顾客做了些什么。

  处理步骤：
  步骤一：聆听，让顾客抒发个人的抱怨
  步骤二：承诺信息上传，表示对顾客意见的重视
  步骤三：以个人服务承诺，延续顾客的忠诚度
  处理结构：聆听＋承诺信息上传＋个人服务承诺
  模拟作业：一年在你们这儿消费几万块钱，应该有点特殊折扣了吧！

关键词二十二：其实……都差不多……

重要等级： ★★★

销售现场案例：

- 其实你们跟……品牌面料摸起来都差不多！
- 其实你们的款式跟……品牌看起来都差不多！
- 其实你们的款式没什么变化，看起来都差不多！

这几句话除了字面上的意思之外可以总结出四个主要的隐藏含义，如下。

猫尾巴式的思考

其一：品牌之间的价格有差异，顾客心里有疑问，所以给出空间让销售顾问发挥。只是对价格的疑问隐藏在表面的问题之后，所以单从字面上看不出来。

其二：对新顾客而言，既然没什么差异，我就会选择自己所习惯的品牌，没必要只选择你们，所以请销售顾问说明你们的不同之处让我评估。

其三：对老顾客而言，品牌这些年的变化没有让我有一个深刻的认知，之所以提出不满和抱怨，是想请销售顾问告诉我，让我有兴趣继续在你们家消费。

其四：在为杀价做铺垫，如果不想让我杀，那就告诉我你们有什么独特之处。

针对这样的语言，在这里提出几个重点供大家参考，希望可以根据这些重点给顾客一个满意的回应：

猫尾巴式的思考

重点一:"差不多"这三个字,表明顾客对于自己所说的内容并没有绝对的信心,所以用"差不多"三个字帮自己的说法预留后路和空间,如果顾客是确定的,那么顾客可以选择直接走人,不需要再留沟通的空间给销售顾问去说服。这时候解决的办法就是体现出专业的两面:一是对于市场上的竞争品牌一定要做到了如指掌,能精准地把差异如数家珍地一一道来;二是对于自家商品的专业一定要做到熟悉掌握,同时也一定要对自家商品的优势具有绝对的信心。要知道这时候顾客是否愿意在我们品牌尝试消费,销售顾问是最关键的人物。所以请销售顾问闭上嘴巴,不要抱怨市场上的品牌同质化有多严重,类似的款式有多少,因为即使是双胞胎也会有细微不同的差异,不会一模一样,关键就在于是否用心发现。所以销售顾问最好的回应是"我理解,以前我没有做服装的时候也不懂,有时候看起来差不多的商品其实里面的差别可大了,比如说……"。

重点二:顾客会说出这句话,就代表顾客还愿意给我们品牌机会,还愿意在某些条件之下做出尝试。最糟糕的处理方式有三种。第一种是不熟悉专业,当顾客提出这类问题后,说不出个所以然来,结果就冒出一些空洞且不合时宜的话。比如,"怎么会差不多呢,差很多耶",这句话的意思就是告诉顾客,你的皮肤触感是不是有问题,怎么会摸不出来差别?又如,"我们的款式比他们的要时尚",这句话的意思就是告诉顾客,你的眼睛是不是有问题,难道看不出来我们比较时尚吗?顾客本来还愿意给我们说明、申诉的机会,结果销售顾问自己没有把握好,几句话让顾客连研究的心情都没有了。与其被人拿来消遣,让自己心情不好,还不如去以前自己习惯的品牌消费,最后的结果可能就是顾客立马走人。第二种是马上对其他品牌提出批评,这时候的批评会让顾客感觉自己以前就是个傻瓜,所以才会在那个品牌消费。如果这时候把顾客的逆反心理激发出来,就会"偷鸡不着蚀把米",我们的说法将更坚定顾客去原品牌消费的决心。第三种是直接告诉顾客"确实没有什么差别",这句话我在终端现场还不止一次听到过。这句话的意思就是告诉顾客"我自己也这样认为,所以请顾客该去哪儿就去哪儿,如果愿意留下来就留下,如果不愿意留下来是品牌的问题跟我没有关系"。

重点三:如果顾客没有提到价格上的差异,销售顾问就不用刻意地提到价格的差别源自哪里,只要把我们的优势和卖点突显出来即可。顾客隐藏了对价格的疑惑,所以我们也不用把它搬到台面上来解释,只要我们对自家商品的说明到位了,顾客就能够理解价格差异形成的原因在哪里了。顾客也是聪明人,有时不需要明说,点到为止即可,只要顾客明白了就行,不一定非得要坚持证明顾客是错误的才肯罢休。记得我们之前说过,多运用视觉和触觉的力量,用语言引导顾客的焦点产生感受,只要顾客有了感受,不用再多做价格说明,顾客也会知道是怎么回事了。

重点四:商品没有什么变化。其实大多数品牌都不会在风格和款式上每年都做出巨大的变化,因为这样的变化对品牌来说是极大的冒险,对于顾客的积累和维护也是不利的。这样做的结果是好不容易建立起来的顾客,因为风格和款式变化而流失掉了,年年在培养新顾客,年年也在流失老顾客。这时候的抱怨就不是"没有变化了",而是"年年都在变化了"。

对于顾客这方面的问题有以下两种解决方式。

猫尾巴式的思考

其一：向"变化"两个字靠近。

销售顾问可以带着顾客去看今年变化比较大的款式，让顾客感受到差异，即使顾客不喜欢，也可以借此暗示顾客"不是我们没有改变，而是我们所改变的并不是您喜欢的"。

其二：从细节中突破。

可以从商品的细节处理、工艺的设计上下工夫，放大改变的部分的效应。一个辅料的选择，一个简单的设计，一个面料上的选择，这些都可以作为无限放大的点，最重要的是这样的做法可以转移顾客的焦点。总之，不要让顾客的焦点集中在大体的款式上，而是集中在细微之处，让顾客产生感受。这时候最好的回应就是"我理解，我们这几年最主要是在工艺和细节上做出努力，如果不细看确实看不出来，其实您看……"。

顾客其实不见得这么挑剔，只要我们能够清晰地说明差异和改变，顾客也不会在这个部分上不依不饶地纠结，毕竟顾客不是来我们店里找麻烦的，与其浪费时间在我们店里找麻烦，还不如把握时间到自己有兴趣的品牌那里选购商品。所以只要我们能够说出个所以然来，顾客再选择与消费的机会就会存在。用最简单的想法来说，既然顾客来了，机会就是存在的；**顾客愿意说出来，就是给我们说明的机会；顾客没有马上离开，就是在等待一个合理的解释；顾客没有明显的批评，就代表销售顾问还有改变顾客的认知的空间**。机会当然存在，至于能不能掌握，有时真的就要看销售顾问的功力了。

总结：顾客有时已经仁慈地留了空间给我们，我们却常常发现不了。"差不多"就已经暗示了我们有差异，只是我们没有办法从这些字眼里发现商机。优秀的销售顾问可以从微小之处发挥无限空间，而一般的销售顾问则总是抱怨没有空间。

第二章
关键词解读顾客内心

图 2-19　找到把握顾客心理的路径

处理步骤：

步骤一：先理解认同顾客的看法

步骤二：从小处着手，从细微差异中逐渐扩大

步骤三：引导顾客体验，让小感觉变成大感受

处理结构：理解 + 从小差异着手 + 顾客体验

模拟作业：你们的款式其实跟……品牌看起来都差不多！

关键词二十三：……投诉……

重要等级：★★★★★

销售现场案例：

- 你们这样的做法我接受不了，我要投诉！
- 开什么玩笑，我要投诉你们！
- 太过分了，我要投诉你们！

"投诉"这个词完全不需要多做解释，它的含义再明显不过了。但投诉是销售现场最让人头疼的问题，因为它的产生不仅会影响到现场的销售，更会影响品牌的市场形象。现在的顾客已经在市场上经过千锤百炼，越来越具有维权意识，明亏、暗亏都不吃，所以当顾客要投诉的时候，销售顾问处理起来就要更加小心，因为这个投诉可能不只是在终端门店里发生，严重点有可能会牵扯至政府部门、媒体等，如果是这样，那我们的销售就会雪上加霜。

我们首先来分析使顾客投诉的原因可能有以下问题。

猫尾巴式的思考

其一：对于我们现场销售顾问的服务态度和过程不满意！

其二：商品产生的质量问题没有得到良好和及时的处理！

其三：对于商品价格变动所造成的差价不满意！

其四：明明是顾客自身的错误，却希望由品牌来承担！

其实，经过多年来对终端店铺及顾客的了解和观察，多数投诉是由第一个原因造成的，毕竟质量问题、价格异动或是顾客故意的推卸责任这些问题都只是偶然发生而不是天天出现的。但是只要一谈到投诉，大

第二章
关键词解读顾客内心

多数销售顾问的焦点都会集中在后面的那些客观原因上而不是前面的自身原因上，其实会产生这种情况与人性有很大的关系，因为后者主要是由他人所造成的因素，责任不在己，而前者是由自身所造成的，责任在己。在现实生活中，大多数人比较愿意研究他人的问题而不愿意研究自身的问题，这是通病。也正是由于这个原因，大多数销售顾问在处理客户投诉上很难有较大的提升，看不到问题的关键所在，自然就解决不了根本的问题，从外部来寻找解决的方法，不如从自身来寻求心态的改变。其实，以上四项因素中，**服务态度是解决问题的根本所在，也是造成投诉事件进一步恶化的主要原因。**

每个品牌都有客户投诉的处理流程，不过**客户投诉流程是"死"的而销售顾问是"活"的，销售顾问可以令流程起到安抚顾客和解决问题的作用，但也可以让流程变成阻碍顾客处理和扩大问题的工具。**客户投诉流程就像一把"刀"，可以杀敌人，也可以随便乱杀人，关键不在刀而在于用刀的人。**许多品牌公司一直在不断优化顾客投诉处理的流程，这种行为和做法不是不对或是不重要，只是未能抓住关键要点。其实，处理投诉的关键在于销售顾问，因为他才是这个"用刀"之人。**

比如"抱歉"这个环节，如果销售顾问的说法是"不好意思，造成您的困扰"，就很有可能会让顾客得理不饶人，因为对顾客来说我们已经在商品上承认了自己的错误。问题就出现在"造成您的困扰"这几个字上，说的人可能不觉得自己有"承认错误"的意思，但是听的人却已经这样认为了。试想一下，我们在什么情况下会说"造成您的困扰"？比如，在你迟到了，导致了对方的不满的情况下会说；在你做错事情了，出现了意料之外的结果的情况下会说；在自己的无心之失造成了他人的损失的情况下也会说。所以"造成您的困扰"并不是一句客套的话，大多数是承认错误时所用的语言罢了。

我在销售现场曾听到销售顾问对顾客这样解释："可能是我们的销售顾问之前没有将洗涤说明给您讲解清楚。"其实，这样的说法很糟糕，不仅没起到解决问题的作用，反而会推动顾客往前再跨一大步，把自己逼

到投诉处理的绝路上。其道理很简单,销售顾问是品牌的员工,销售顾问没有解说清楚也是公司的训练和要求没有做到位,如果销售顾问做到位了,那么今天的问题就不会出现了。就像小孩不懂事犯了错,其父母应当承担很大一部分责任一样,员工做错事时,品牌就应该也要承担相应的责任,为员工犯下的错误买单,这是责无旁贷的。因此,不用去求证销售顾问到底说没说这些话,这根本不是重点,重点是我们的说法绝对不能引火上身而不自知。

比如,"其实我们应该在洗涤上再次跟您强调的",说的人一方面是想要告诉顾客"我有告诉你,并不是我们没说,而是没有再说而已",而另一方面是想在顾客面前做一下有素质的自我总结和检讨。但是听的人所收到的信息却跟我们的预期不同,顾客收到的信息可能是"为了避免这一类事情的发生,品牌本来就有义务对顾客进行再次强调,却没有做到,导致事件发生了"。既然该做的事情没有做到,那就是品牌的错而不是顾客的错了。这时候正是顾客希望能有妥善处理的时候,哪怕是一点点的漏洞顾客都会高度敏感地去掌握和挖掘的。一旦我们提供了这个突破口,让顾客为自己的利益筑起高高厚厚的防火墙,我们想穿都穿不过去,那时麻烦可就大了。

如果换另一种说法**"真的不好意思,不管是不是我们商品质量的问题,首先让您不开心我先表示抱歉"**,这样的说法进可攻、退可守,因为我仅仅只是对"让您不开心"这件事情表示抱歉,而不是对"商品质量"表示抱歉。只有先把自己的立场站稳守住,才能进一步维护品牌的立场,这样就不容易让顾客产生错觉,以为我们已经认错,并且借题发挥了。

再如"询问",询问的作用是希望理清事件发生的经过,并可以从中找到原因所在。但是,如果询问之前没有加上前引叙述就有可能让顾客感觉有攻击的意味和推卸责任,反而适得其反。一种说法是"您是怎么洗涤的?","您回去有平铺晾干吗?","您是不是在洗衣机里绞过了?"……,而另一种说法是"因为我们也想弄清楚这种情况是什么原因造成的,如果真是我们商品的问题,我们也希望可以尽快把这个信息

第二章
关键词解读顾客内心

反馈给公司，所以想请问一下……？","您先喝杯茶，我先了解一下状况，方便我尽快帮您做处理，请问一下……？","我叫×××，是这家店的资深顾问，您可以把状况跟我描述一下吗？"。

其实，要想处理投诉问题，询问是一定要进行的，不管顾客说不说实话都要问，如果问不出实话也可以问出谎话、问出心虚的表现，这样也会对解决客户投诉有一定的帮助。关键在于如何问，问完之后带给顾客的是怎样的感受，如果给顾客的感受是我们想要推卸责任，那么这种询问就毫无意义，只会加剧彼此之间的对立，让问题变得更难处理。如前所述，询问之前一定要养成加上一段前引叙述的习惯，将负面效应降至最低，这样询问才能起到良性沟通的效果。

客户投诉的流程是公司给销售顾问参照的处理标准，而对于细部沟通的内容则需要依赖销售顾问现场把握才行。这个部分是公司很难监督和考核的部分，要靠销售顾问自己提升，销售技能固然重要，但销售的素养培养却更加重要。我们不仅要能从顾客的用字遣词中听懂顾客的想法，而且要能谨慎小心地把握我们自己的用字遣词，说话宜慢不宜快，越是紧要关头越是不能放纵自己脱口而出，要想好了之后再说，因为很多话一旦说出口，场面恶化之后就很难再挽回了。

因此，建议销售顾问在处理客户投诉的过程中稍微转换一下说法，让顾客心里舒服一些，也让自己可以站在进可攻、退可守的战略位置上，比如：

- 这不是我们商品的质量问题，我们不给退！（顾客可能的立马反应：明明就是你们质量的问题，如果不是质量有问题，商品怎么可能出状况？）

- 这是您自己的问题，我们退不了！（顾客可能的立马反应：什么叫做我的问题，明明是你们商品质量的问题？）

- 退给我们，我们也卖不了！（顾客可能的立马反应：能不能卖不是我的事，是你们的事。）

参考模板

- 这确实是因为……的问题所造成,真的很不好意思!
- 站在您的角度我也理解您的心情,只是这确实是……造成的,真的是非常非常不好意思!

- 退是退不了,要么给你调换!(顾客可能的立马反应:什么叫做退不了,我就偏不换就要退。)
- 我们规定只能换不能退!(顾客可能的立马反应:规定是你们家的事,跟我无关,我就要我的结果。)

- 在我可以负责的范围内我一定愿意给您最满意的处理,我再帮您选择几个款式您挑看看!
- 只要有我能做到的部分,我一定让您满意,毕竟您花了钱,是吧!我来慢慢给您选,一定选到您满意为止!

- 先生,你这样说有点不讲理!(顾客可能的立马反应:什么叫做不讲理,还敢教训我!)
- 先生,您这样不讲道理,我没法跟您谈!(顾客可能的立马反应:没法跟我谈,那就找一个能跟我谈的过来,你别在这儿耽误我的事。)

- 您这样说,我都不知道怎么处理好了!我真的很想帮您处理好!
- 是这样子的,其实最重要还是要把您的事情处理好让您满意,您看这样……!

- 先生,您先不要有情绪!(顾客可能的立马反应:如果换做是你,你能没有情绪吗?)
- 先生,您这样生气处理不了事情!(顾客可能的立马反应:还教育我应该如何处理事情,你还早呢!)

- 我先帮您倒杯水,您先消消气,我来帮您处理!
- 您先坐一下,我们先不着急,您相信我真的很有诚意要帮您处理!

第二章
关键词解读顾客内心

- 我们公司规定不行！（顾客可能的立马反应：我就挑战看看，看你们公司规定硬还是我硬。）
- 公司规定就是这样的，我们也没有办法！（顾客可能的立马反应：让我吃亏没门，没办法也要给我想出办法来！）

> - 如果可以做到的话我一定愿意尽力满足您，只是真的很不好意思！
> - 您看这样好吗？在我能负责的范围内，我来建议几个做法给您，尽量快点把您的事情处理好，您的时间也很宝贵，您看这样好吗？

- 能退的话，我干嘛不让你退！（顾客可能的立马反应：你是你们公司的员工，当然是站在公司那边，难不成站在我这边。）
- 不让你退，我又得不到好处！（顾客可能的立马反应：当然有好处，你们有业绩呀！）

> - 只要能让您满意，我能为您做的我一定都愿意去做！
> - 您相信以我的立场，我一定是以让您满意为主，您开心我是最高兴的！

充分了解顾客的心态，**其实顾客并不一定想把事情闹大，只是希望自己的问题能够得到妥善的处理**，但是担心态度不够强硬品牌就会不够重视，所以先发制人。顾客也不一定非得退货不可，而是逆反心理被激发之后强烈地想挑战公司的制度。其实只要我们能在换货上给顾客更大的空间，陪同顾客耐心地重新选择，最后顾客不仅可能换了商品，甚至还加买了其他的商品，最终不仅顾客满意，还增加了销售业绩。这样的例子在销售现场上比比皆是，我们都见过的，不是吗？

上课时经常有人喜欢用特例来提问，比如说：胡搅蛮缠、蛮不讲理、态度恶劣、不听你讲、什么建议都不接受的人应该如何应对处理？甚至还有人都已经给他退货了还要告你，这种情况怎么处理？有一次，我在上课时开玩笑地回答："抓到试衣间里打一顿之后再放出来，既然要告我，还不如先打一顿解气，千万不要让自己亏得慌！"开完玩笑之后，我回归正题做了以下四点分析。

看透顾客的心
叫醒你的耳朵做销售

猫尾巴式的思考

其一：我相信这样的顾客是存在的，但是绝对不是大多数。如果我们店里天天都是这样的人出现，那么我们的店早就应该关门大吉了，哪能开得下去，因此不需要用特例做过多的讨论。

其二：如果您经常遇到这样的顾客，那您应该检讨一下自己说话的方式，问问身边的人，您平常的说话方式给人的感觉如何，是不是很容易激怒对方，让对方用逆反心理来对待您。

其三：许多人喜欢问特例的原因是不愿意面对自己能力不足的事实，其实一个人的能力不足最终影响的是自己的一生，跟其他人都没有关系。究竟自己的能力到什么阶段，别人清不清楚不重要，但是自己一定要比较清楚。

其四：销售中不要总是想要搞定100%的人，如果我们可以让80%的人在投诉中满意地离开，我们已经很成功了。让自己轻松点，不用去追求100%的成功和完美。

总结：会激怒顾客的经常不是公司的流程与规定，而是我们阐述与处理的方式。流程与规定是死的，销售顾问是活的，提升个人的说话素质才能真正圆满地处理客户投诉。

处理步骤：
步骤一：进可攻、退可守的抱歉
步骤二：加上暖身前奏的询问方式
步骤三：以个人的服务承诺，提供解决方案

处理结构：抱歉＋询问＋解决方案与承诺

模拟作业：你们的商品质量出现问题还不给退，我要投诉你们！

关键字句的分析，可以强化销售顾问对于顾客心理的了解和把握。

第二章
关键词解读顾客内心

我经常说"每一次的销售进行都是顾客和销售顾问之间的一场心理战争",我们想要把握顾客的消费心理,从而达成最大化的销售业绩,而顾客也在揣摩我们的心态,以求得最大化的优惠条件,这种攻防的立场只要销售的行为存在,就永远不会消失。因此,身为销售顾问一定要有追求,**不能只是一味地追求成交,而是要在品牌利益最大化的前提下进行成交**,要能在成交的基础上追求连带率和客单价。当然,这所有的一切不能总是通过牺牲品牌利益的方式来增加自己的销售筹码,以求最终促成销售。降低折扣,申请赠品,这样的做法是可以很快地促成成交,但是却无法最大化地体现销售顾问的价值。

关键字句的分析是我在这二十几年的销售经验中总结出来的一套专业性的方法。对我而言,这个方法不仅使我个人的销售能力得到提升,而且对我把握顾客的心理状态起到了很关键的作用。它帮助我快速分析顾客的意图,掌握顾客的心理动态,观察顾客是否已经被说动,提前预知顾客下一步的动作,以便正确做出引导,从而正确地推动销售进程。另外还有一个最大的收获,就是运用这个方法来分析自己,使我能够更加了解自己说的每一句话背后真正的想法和意图。这一份收获最让我开心的并不是搞定了顾客,提高了业绩,而是更加了解了自己,战胜了自己。

其实对这方面进行研究最初并不是为了要搞定顾客,也不是因为顾客给了我什么样的启发,而是因为我发现了自己平常在使用"但是"、"可是"这两个词时的心理变化。有几次我在使用这两个词之后,心里突然出现了强烈的冲击,这时候我开始分析这种冲击是从何而来的,后来才意识到当我使用"但是"、"可是"这两个词时,有强烈的否定他人、推翻他人的意味并带有攻击性。使用这两个词的时候的心态,就是不认同对方所说的,或是虽然对方所讲的也有道理,但是始终认为自己阐述的论点更有道理,希望借此唤起对方的关注,同时也希望对方能用我的论点去思考,最终能认同我的观点和做法。**其实有时会发现自己并不是为了证明其道理是否正确,也不管对方的方式是否比自己好,为的只是一个面子问题,就是不愿意被对方说服**,所以一次又一次地使用"但

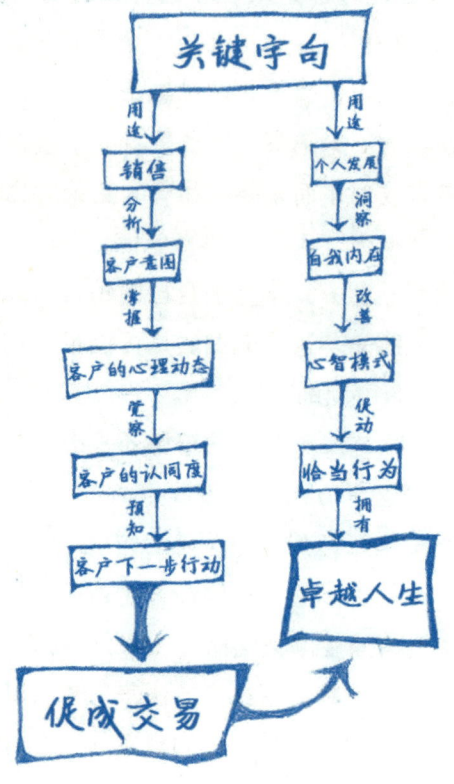

图 2-20 使用关键字句

是",而且当自己使用的次数越多时心里的情绪也会越浮躁,若对方还不接受,我的攻击性也就越来越强。

当然一开始的时候我并不想承认自己是这样的想法,总是催眠自己,告诉自己其实是一个很能接受他人意见的人,是一个大度的人,只是为了让对方更省时、省力,避免对方走弯路才用这样的沟通方式,是无私地为对方着想。但是实际上当自己真正静下心来聆听内心深处的声音时,就会发现真实的自己并不如自我催眠下的那般伟大,骗自己只能骗一时而无法永远骗下去,除非自己的良心尽失才能做到。有时候真实的自己并不容易让自己接受,因为你会发现自己的固执己见、骄傲不羁、不容易沟通、自私、好面子等,这些自己从来不愿意接受的缺点都浮上台面,

第二章
关键词解读顾客内心

但是不接受自己也就面对不了自己，而面对不了自己就没有办法让自己走在了解自己的道路上。

当然从不接受到接受，我也走了好长的一段路。自我修炼、自我剖析的过程确实也是一个血淋淋的过程，有时心里的挣扎可以让自己难受好几天，就如那种天使与魔鬼之间的大战，两张脸轮番出现在眼前，让我经常都会有放弃的念头和冲动。我曾缓下过脚步，也停下过脚步，不过我自己心里也清楚，一旦真正放弃了，虽然不用再受煎熬，但是要过着自己骗自己的日子，可能永远都没有机会更清晰地认识自己了。

正所谓"无心插柳柳成荫"，原本我只是想要了解自己，谁知竟与工作扯上了关系。刚开始，我只是敏感地觉察到自己平时的一言一行，不管是善、恶、正、邪，我都可以快速地面对。然后慢慢地从自身修炼延展到生活当中的点滴，尤其是两性关系中的夫妻相处之道。最后，我甚至开始关注自己在购物时的用字遣词，分析自己的意图，同时也分析谈判对手的一言一行、一举一动，以及对手的想法、状态。于是，对于关键字的理解就越来越深，越来越能深刻体会到人性的特点。**人们真的很难做到滴水不漏，总有那么不经意的一个眼神、一个动作或是只字片语，虽然时间短暂到只有零点几秒但仍可以从中发现蛛丝马迹，只是不同的人隐藏的深度不同，有些人隐藏的深而有些人隐藏的浅而已，但只要用心观察，还是可以发现细微的变化的。**

关键字的分析只是一个入门，并不是全部。就如我们前面所说的，一个人的沟通包含眼神、表情、声音、声调、内容等，并非单一存在的，而是多层次融合而成的。所以本书的关键字分析只是抛砖引玉，希望能引起大家的共鸣，能够让更多的销售顾问重视起来。毕竟现在的销售确实已经不如以前好做了，再也不是我有商品就能成交的"卖方市场"，我们需要和许许多多的对手同台较劲。

在讲求专业和技术的年代里，如果不求上进，就会越来越快地被淘汰。如果您今天已经邻近退休之年，可能就不需要再给自己太多学习上的压力了，应多享受点含饴弄孙之乐，把这一段关键字的分析当成是小说看看就好。但如果您现在是青壮年，距离退休还有一大段路要走的话，

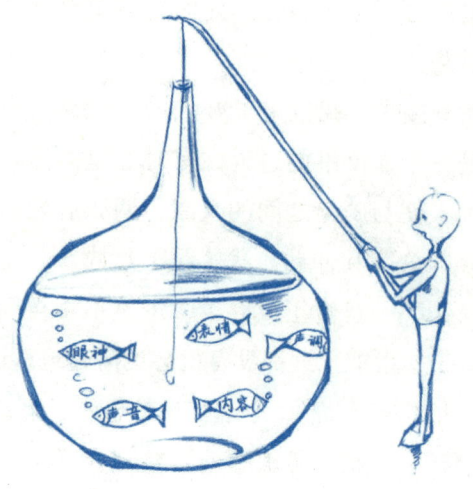

图 2-21 沟通需要分析顾客

我衷心建议您认真地体会这部分,因为学习是让我们生存下去的重要途径,也是我们谋求发展时最坚强的后盾。

第三章

妙招教你识顾客

第三章
妙招教你识顾客

一个人身上会有很多习惯，抓东西的时候是用右手还是用左手是一种习惯，跟朋友约会是早到还是迟到是一种习惯，朋友之间相处是你服务对方比较多还是对方服务你比较多是一种习惯，同事之间是支配命令对方多一点还是委婉沟通多一点是一种习惯，这些习惯都不是一天养成的。一个平时习惯小声说话、个性比较柔弱温和的人，如果你要他很有威严地大声说话，对他而言是比较不容易的。当然一个平时习惯大声说话且喜欢指挥他人的人，要让他刻意小声地说话，多为他人着想，他也不容易立马就能做出明显的调整。

除了关键字的运用是一种习惯之外，声音声调的运用也是一种习惯，同时也是一个人性格的外在体现。一个人的性格可以压抑、掩饰，但是不容易彻底地被改变。就好像很多人都觉得我的脾气很好，没怎么见我发过脾气，但事实上我并不是没有脾气，反而脾气还很大，性格偏刚烈。只是经过多年的修炼之后，我已经比一般人懂得控制、压抑，对于脾气有着比较严格的自我要求，懂得收与放，不会让内在性格肆意放纵地自由流窜，以避免性格过度外露让对手发现，当然也是为了避免身边的人无谓的受伤。当我要发脾气时，我会在自己还能控制、有理智的时候控制自己的面部表情，刻意地让自己说的话速度减慢，压低声音和声调，避免对方有压迫感，所以事实上并不是我的脾气消失了，而是脾气在产生的零点几秒间被很好地控制住而没被他人发现而已。

俗话说"江山易改，本性难移"，这是个真事儿，一旦性格形成之后要改变确实非常困难，而声音声调又是性格的重要体现，性格改不了，声音声调的习惯自然也很难改变，因为它是在一个人性格外露时自然而然地流露出来的。因此，声音声调上的特点是销售顾问可以

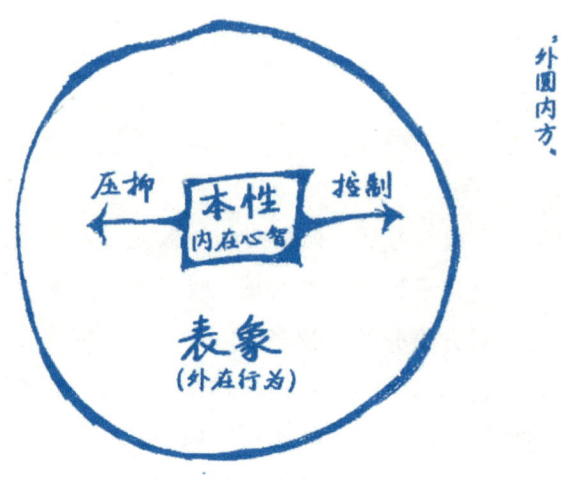

图3-1 外圆内方

观察顾客、了解顾客的一个途径,而大多数的顾客还不太会关注自己声音声调的变化和修炼。其实逛街大多是随性的,与工作或是交际场合不同,此时一个人处于相对放松的状态,所以对于自己性格外露的控制不会太严谨,更容易把自己真实的一面展现出来。有时候朋友跟我出去逛街,会突然发现我跟工作时的状态完全不一样,从说话、脾气、用字遣词、对人的要求上都会看到我的另外一面,用一句时尚的话来说就是"惊呆了"。

　　从声音声调的使用习惯中发觉顾客的内在,由外而内地慢慢去了解顾客,从中掌握一些声音声调所代表的关键特质,从而做出一些基础的判断。虽然不一定是绝对准确的,但是这些判断之后的结果依然可以作为我们跟顾客交流时锁定一种策略的参考依据。

　　在此,将根据声音声调的组合归纳出四大类型的顾客,结合他们可能出现的行为特征、性格特征,以及执行相对应的策略时应注意的事项进行重点解说。

第三章
妙招教你识顾客

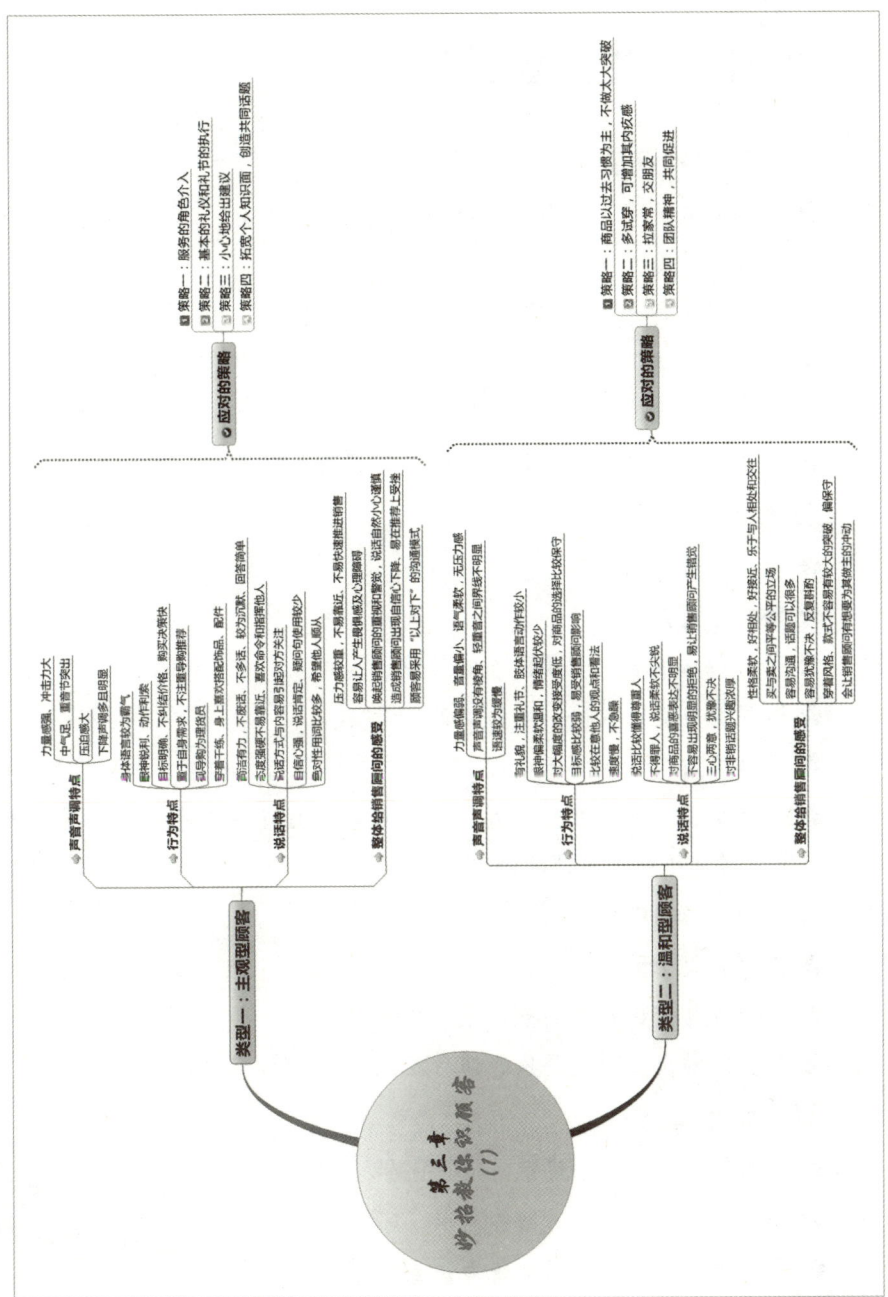

类型一：主观型顾客

声音声调特点描述：
- 声音的力量感比较强
- 声音的冲击力比较大
- 音量不一定大但是有厚度，中气、底气较足
- 声调上抑扬顿挫比较清晰，重音节表现较为突出、明显
- 语气上给人的压迫感相对较大
- 力量感较大的下降声调运用较多，且较为明显

行为特点描述：
- 肢体语言比较大气、霸气
- 眼神相对来说精明、锐利
- 行为动作快速、利索，不拖泥带水
- 购买的节奏比较快，主动决策
- 不太关注销售顾问所说的、所做的，注重自己的需求和要求
- 目标比较明确，以主观为主线，对自己有兴趣的商品不易受外界影响，不盲目地接受销售顾问的建议
- 比较不易在价格上纠结
- 比较偏重于干练的穿着打扮
- 比较容易把销售顾问当作理货员
- 身上容易出现明显聚焦的饰品或配件

说话特点描述：
- 说话简洁有力，不废话
- 不多话、较为沉默、回答简单
- 命令和指挥他人的感觉较为明显
- 说话方式与内容自然而然引起对方关注
- 自信心强，说话肯定

✻ 肯定句使用较多，疑问句使用较少
✻ 绝对性用词比较多，希望他人顺从，不浪费过多的沟通时间
✻ 态度上比较强硬，让人感觉不容易切入、靠近、改变

整体给销售顾问的感受：
✻ 压力感较重，不容易靠近
✻ 容易让人产生畏惧感，靠近时易产生心理障碍
✻ 自然唤起销售顾问的重视和警觉，说话小心谨慎
✻ 容易让销售顾问出现自信心下降的状况
✻ 容易出现推荐上的挫折感
✻ 销售不容易快速推进
✻ 容易出现对方用"以上对下"的沟通模式对待

应对的策略：

策略一：服务的角色介入

权力欲望较重，习惯性掌握他人、影响他人，而不是被他人所掌握和影响，这是一般性的规律。所以在面对这类顾客群时，如果销售顾问一再表现出较明显的主导意识就容易让顾客反感，强势更是对方接受不了的销售方式。但这种反感不一定会明显外露，顾客最容易以沉默不语作为回应，但是心中的抵触已经油然而生了，这对销售是极为不利的。

所以建议销售顾问，此时应该把自己销售顾问的角色适当切换成为服务的角色，销售初期以顾客的需求为主，根据顾客的需求推荐多样的款式让顾客自主选择，而且每一个款式只要简单介绍卖点就行，不要露出明显影响顾客购买的意图，要尽可能地避免出现主观的推进用语，如"这款您穿肯定好看"，"这款肯定适合您"。以客观询问顾客的感觉为主，通过顾客的回应，迅速转换推荐的商品。在还没有真正建立彼此之间的信任度和熟悉度之前，往前跨进的脚步不宜大，放缓为好。以快速的回应和快速的服务动作来获得顾客的满意，这是比较妥当的做法。

一个主观性比较强的人，对于陌生而又喜欢主导、控制、影响他人

的人容易产生抗拒和排挤,这时候越想控制越控制不了,越想影响反而容易适得其反;而对于温和、谦虚、热心服务且能对其表现出一定顺从的人,多少会产生一定的好感,可以迅速缩短彼此的距离,此时在顾客眼中我们不一定是一个多么有经验、有能力的销售顾问,却是一个可以让其支配和指挥的服务人员。但这仅仅只是在销售初期,所以销售顾问也不要太过于介意自己扮演的角色。

这时候如果有机会的话也可以加入一些服务的动作,比如端茶倒水,拿画册给其翻阅,主动询问大包物件要不要帮其代为保管,对于带小孩的顾客可以以小孩作为突破口,提供饮料、糖果、陪同等,只要跟小孩拉近了距离,我们跟顾客之间的距离也就近了。

策略二:基本的礼仪和礼节的执行

销售顾问在初期虽不采取什么明显的主导,但不代表一定会被顾客看做理货员,得不到顾客的尊重。至于**顾客究竟用什么眼光来看我们,这就要靠销售顾问自己去争取了。一个进退得当、举止有礼的销售顾问,在顾客的心中可以拥有一定的份量和位置,即使顾客要指挥和支配,口气和用语措辞上也会大不相同**,因为我们高素质、高素养的外在表现会提高顾客对我们的重视度,也会影响顾客以"待之以礼"的方式与我们进行良性互动,而不至于"花钱是大爷"般的放肆。

所以销售顾问要把礼貌用语变成流在身上的血液,并且严格地要求自己,将"您"、"请"、"谢谢"、"对不起"、"不好意思"、"麻烦一下"变成日常生活中的口头禅,随时随地用这些语言和身边的人包括顾客进行交流,慢慢地让它变成一种潜意识行为,而不是需要自我提醒才能够做得到。"您稍等一下,谢谢","这边是试衣间,请","这是您的衣服,请您拿好,谢谢!","请问一下!","麻烦您试试看这套是否合您心意,这边请!",这些话听起来永远比"稍等一下","这边是试衣间","这是你的衣服,拿好"舒服得多。**我们让顾客舒服,顾客不一定让我们舒服,但当我们让顾客不舒服时,顾客就更大胆地让我们不舒服了。**

要谨记,不仅仅对陌生的顾客要如此,就是再熟悉的顾客都不要忘记使用。有时候人跟人之间熟悉了,在互动的过程中就会有更随意,这样很容易就会失去一些基本的礼节和尊重。**顾客可以对我们如真正的朋友般随意，但是我们却不可以对顾客如真正的朋友般随意**，因为最终顾客还是要掏钱买单的，是有可能产生售后服务的，虽然是朋友却也不是纯粹的朋友，保持一定的距离也是非常必要的。

图 3-2　注重礼仪和礼节

我发现大多数的终端现场对这些礼貌用语的要求都是远远不够的，许多销售顾问也不重视这些细节，忽略了"自轻人轻，自重人重"的道理。顾客对我们尊不尊重其实不是通过刻意要求得来的，而是顾客发自内心、由内而外的自然行为体现。我在卖场经常会听到类似下面的对话：

- 顾客："麻烦您把那件拿过来我再试一下，谢谢！"
- 销售顾问："你等一下！"
- 顾客："不好意思，请问一下试衣间在哪边？"
- 销售顾问："在那边，我带你去！"
- 顾客："好的，谢谢！"

- 顾客："把衣服给我就好，谢谢！"
- 销售顾问："……（直接交给顾客，一句话都没有）"

从这段文字当中销售顾问看到了什么？顾客通过尊重他人尊重自己，而销售顾问的表现却远远比不上顾客，顾客的个人素养明显远高于销售顾问的素养。我们且不说顾客是否属于主观型的顾客，就是一般其他的顾客也会从这些细节中对销售顾问进行评价，就像我们进到一家店时会通过自己的视觉对这个品牌的档次进行判断一样。一旦初次印象建立，要改变就要花更大的力气才能做到。

主观型的顾客尤其重视这些，并不是因为他们真的在意这些简单的字眼，而是因为一句话的诠释如果少了这些礼貌用语就会有种命令的感觉。对于这类本来就不喜欢被他人命令的顾客来说，听起来就会更加刺耳，至于之后愿不愿意继续用良好的态度面对销售顾问，那就要由顾客的素质来决定了。

策略三：小心地给出建议

销售顾问在面对这一类型的顾客时，究竟可以通过什么样的方式来化被动为稍微主动呢？要注意这里用的一个词叫做"稍微"。在销售过程中，对于这种类型的顾客销售顾问尽量不要期待可以占据完全主动的地位，因为他们在控制和被控制上有比较敏锐的知觉神经，一旦触及就会敏感地发觉，然后就会开始寻求主导权的回归，所以一般不会出现被销售顾问"牵着鼻子走"的局面。而销售顾问事实上也不需要得到完全的掌控，只要能做到稍微的控制，销售就可以不断地往前推进。

所谓稍微控制指的是销售顾问可以通过谨慎的提问来获取主导权，比如说："不好意思，我可不可以提一些自己的意见和看法，您可以稍微参考看看！"这里在用词上有以下两个值得注意的地方。

猫尾巴式的思考

其一：不是用"建议"而是用"意见和看法"。"意见和看法"是比较客观一点的用词，听起来会比较柔和，而"建议"则

第三章
妙招教你识顾客

图 3-3　给建议而不是控制

比较主观，是比较确定对方这样做会更好的用词，硬度较高。

其二，不是用"参考"而是用"稍微参考"。"稍微"这个词会在参考的基础上再往下修正一些，目的也是增加语言的柔软度，希望从顾客的手上争取到一点点的空间。

如果顾客回答"可以呀"，也千万不能认为顾客已经"门户大开"，然后尽己所言。顾客这时候的"可以"，一是想要表达出自己的善意；二是希望表现出一副自己也是可以接受他人意见的气度；三是在销售顾问这样客气的问法下也不好意思做否定式的回答。

这时销售顾问还是要秉持着基本的礼节，"我个人觉得，其实因为您的肤色……，您的风格……，所以不妨可以考虑一下，试试稍微偏……风格或是稍微偏……风格的款式，说不定还会有不同的感觉。您说呢？"这里用了几个字眼大家可以关注一下，"个人"、"不妨"、"考虑"、"试试"、"稍微"、"偏"、"一点"、"说不定"、"您说呢"，这一些词都是换位思考之后尽可能避免顾客产生负面效应的说法，不要让顾客感受到过于直接地给予，而是委婉柔和的。

首先谈"个人"，以"个人"的立场出发，而不要以对方的立场发言，为自己取得进可攻、退可守的位置。因为以个人的立场出发不会否定顾客过去的个人习惯和审美观，在心理的接受程度上会比较高，即使顾客不认同我们的观点也无所谓，毕竟那只是我们个人的想法而已，并没有在这一点上对顾客进行激烈的促进。比如，在管理上当我们认为员

工做得不够好时说"你不觉得这样做比较好吗?"跟"以我个人立场来说,我会觉得这样做比较好,你觉得呢?"二者之间就有一定的差异。后一种是以个人立场出发,是一种推荐的参考,而前一种是以对方立场发言,这种发言方式就会让对方感觉自己笨了一些,自己的看法被领导批评,心里的感受不同自然会影响到接受的程度,最后造成执行力也就不同了。所以在给顾客建议的时候,需要做到以下两点。

猫尾巴式的思考

第一种:让顾客决定。

先征求顾客的意见,可不可以说,您愿不愿意听,把这个决定权交到顾客的手上让顾客做决定,您同意我就说,您不同意就当我没说过。

第二种:以个人的角度出发。

用个人的角度来降低意见输出时的攻击性,提高顾客对于意见的接受程度。有时候有道理是一回事,能不能、愿不愿意听进去又是另外一回事。比如,"抽烟不好"很有道理,但是大多数烟民在听到"抽烟对身体不好还抽"后依然在抽,有了逆反心理说不定还故意在你面前多抽两根让你更难受。

其次是这段话中所使用的其他字眼"不妨"、"稍微"、"偏"等,这些字眼都是代表"一点点、稍微、范围不大、不强求、决定权在您"的意思。这样的说法想要达到以下几个效果。

猫尾巴式的思考

其一:不让顾客产生被控制而失去主权的感觉;

其二:不让顾客产生需要大幅度做出改变与调整的感觉,增加顾客可能去尝试的意愿；

其三：创造多一点点可能的希望给顾客，鼓励顾客跨出一小步而跳脱固有习惯。

所以这样的一段话说出来，对顾客的心理不会引起过大的激荡，对顾客的推进可以起到"撕开小裂口"的作用，也可以在取得顾客的认同之后，稍微把主动权抓回到销售顾问的手中，以利于销售的推进。

第三种：多推荐两个方向。

"稍微偏……风格或是稍微偏……风格"，这时销售顾问既然已经得到顾客的首肯可以为其提意见，就不要浪费大好机会，所以千万不要只建议一个，孤注一掷，这样会导致"被否定"的风险提高。因此最好给出两个建议，如前所述，让顾客在 A 或是 B 中间选择，而不要把顾客逼到要或是不要的选择上，这样的问法不仅对顾客的回答可以有正面的促进，而且对销售顾问创造利己的销售局面也是非常有帮助的。

第四种：决定权回归。

"您说呢"，最终再把决定权交给顾客让其做出决策，并尊重顾客的决定。让大权回归，让顾客做最后的定夺，这是一种尊重顾客的表现，而不是销售顾问的一意孤行。销售顾问只是起到建议的作用，让顾客感觉整个销售的局面和进度都在自己的把控之下进行，是以自己的个人意愿为主导。如果顾客说"好"，自然快快行动；如果顾客稍有迟疑，销售顾问就可以说"没关系，我拿过来您看看再说"，赶紧行动起来，让好不容易创造出来的机会持续下去。

策略四：拓宽个人知识面，创造共同话题

要能跟这样的顾客深交，成为顾客心中欣赏的人，销售顾问就要拓宽自己的知识面，不要除了服装之外其他什么都谈不了，一问三不知，说什么都不懂。如果销售顾问跟顾客在私底下有更多交流的话题，如政治、军事、经济、艺术、网络、时尚等，就能让顾客眼前一亮，觉得眼前的这位销售顾问跟以往接触过的销售顾问不同，与其交流是一件非常开心愉悦的事情。这样的销售顾问在顾客的心目中绝对

不会是理货员的角色。

没有人天生就懂这些,都是经过自己额外投入时间学习之后得到的,但是认知不同就会产生不同的学习结果。如果销售顾问的认知是"这些跟我的工作无关,我没有兴趣",那么这方面的学习就可能会很少;如果销售顾问的认知是"只要是能跟顾客达成和谐沟通的话题,都是我平常需要具备的知识",那么知识就会无限地扩张。一个学习方向是偏向于本位思考所得到的,而另一个学习方向是偏向于换位思考所得到的,出发的立场不同最后的结果也不一样。

要明白学这些知识未必是自己的兴趣,但是要想把销售业绩做好,有时我们就要选择做应该做的事情而不是选择做我们想要做的事情,因为**做自己想做的事情可能得不到我们想要得到的业绩和收入,而做应该做的事情才能得到我们想要的业绩和收入。**

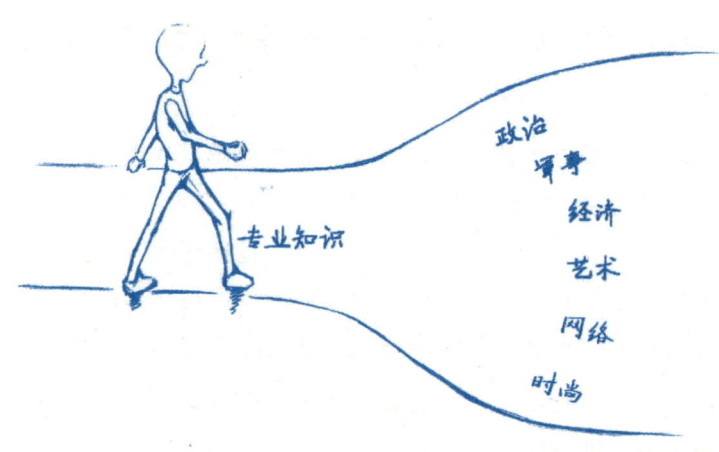

图3-4 拓宽你的知识面

类型二：温和型顾客

声音声调特点描述：

❋ 声音的力量感偏弱

❋ 声音声调没有棱角

❋ 一般音量偏小，平常不太会用大音量与人交流

❋ 声调的高低起伏小，轻重音之间界线不明显

❋ 语气柔软，给人舒适感、轻松感，无压力感

❋ 语速较为缓慢，较少快节奏地说话

行为特点描述：

❋ 有礼貌，注重礼节

❋ 眼神偏柔软、温和

❋ 肢体语言动作较小，不给人压力感

❋ 情绪起伏较少，无大起大落

❋ 对于商品的选择会比较偏保守

❋ 对销售顾问的意见接受度高，受影响程度大

❋ 目标感比较弱，容易受外界因素的影响

❋ 耳根子较软，比较在意他人的观点和看法

❋ 速度慢，不急躁

❋ 对大幅度的改变接受度低

说话特点描述：

❋ 说话比较懂得尊重人，进退有分寸，不易给人压力

❋ 不得罪人，说话柔软不尖锐

❋ 对商品的喜恶表达不明显，评价较平淡，让人不易分别

❋ 不容易出现明显的拒绝，反而让销售顾问产生错觉以为还有希望

❋ 三心两意，犹豫不决，下不了购买决心

❋ 对非销话题兴趣浓厚

整体给销售顾问的感受：

❇ 性格柔软，好相处，好接近

❇ 买与卖之间平等公平的立场

❇ 容易沟通，话题可以很多

❇ 容易犹豫不决，反复斟酌

❇ 穿着风格、款式不容易有较大的突破，偏保守

❇ 会让销售顾问有想要为其做主的冲动

❇ 乐于与人相处和交往

应对的策略：

策略一：商品以过去的习惯为主，不做太大突破

这种类型的顾客偏保守的性格不只是体现在穿着上，在工作、交友、生活习惯上都会有所体现且不容易突破，要让其突破，除非有一些重大事件发生，或是特殊场合特殊意义的需求，否则很难会有彻头彻尾改变的机会，对过去的习惯有着强烈的念旧与依赖。因此，以过去的习惯为销售的延续会是比较妥当、安全的做法，顾客在选择上也不至于出现太大的挣扎，对稳定的成交比较有利。**延续习惯易，拉开跨度难！**

面对这类顾客，只有当顾客明确要求在风格上要有一个比较大的突破，希望销售顾问多给点意见，重新建立一个新形象时，这些突破性的商品才会有较大的交易成功率。关于这一点，温和型顾客跟主观型顾客及求新型顾客都不同。主观型的顾客会应不同的场合需求为自己量身定做每一次的风格，不拘泥于同一个风格打扮，只要适合自己即可，所以在不同风格、不同穿着上的接受度会大一些，而求新型的顾客本来就在"变"上充满兴趣，挑战的意愿高，有时即使不适合自己也依然还有尝试的意愿，所以是宽度最大的一种类型。

许多时候因为温和型顾客容易沟通和相处，给人的感觉比较没有压力，所以销售顾问在推荐时胆量也会比较大，在鼓励顾客改变的情况下甚至给顾客提出不同的风格、类型的建议，宽度也会比较宽。如果对方的配合度比较高，再加上这类顾客本身说话就比较含蓄、不懂拒绝，对于喜恶也没有太明显的表达，那么在试穿上就会花费销售顾问很长的时间，看起来好像每一件都有希望，但是其实却未必件件都有把握。顾客也许会对某一些自己过去不曾尝试过的服装有兴趣，在上面停留比较长的时间，但是一旦真正要让其下决心购买，犹豫不决、三心两意的本性就会显露出来，最后销售顾问会花不少的时间在促进成交的环节上。至于最终是否能够成交，这其中的变数还是挺大的，毕竟改变对大多数人来说都需要具备一定的勇气。

我身边的朋友当中，只要是属于这一类型的，穿着上的风格、款式、颜色变化基本都不大，最常出现的一种类型就是"说不买黑色但是出门一圈之后又买黑色"，对于过去的习惯有着强烈的安全感，不太习惯接受挑战，即使被朋友鼓吹买了一件风格差异比较大的服装，穿的几率也很低，这件服装的突破也没有造成后来穿衣风格上的改变。

这一类人还有一个烦人的习惯，就是他总是喜欢询问你，到底他适合什么样的风格，总告诉身边的人老是穿同一个风格的衣服比较烦，想换一换风格，看到别人的穿着又总是羡慕不已。但是，不管你给了多少意见，甚至带着他逛街为他改变造型，最终他还是以他自己的习惯为终点。所以一般我遇上这种事时，大多都不给意见，只是一笑而过，免得每次给意见，却每次都没结果，最后导致最没有成就感的人是自己，最恼火的人也是自己。

所以面对这一类型的顾客，销售顾问的专业是一回事，而顾客的习惯和是否能够做出突破又是另外一回事，因为这群人有改变的想法，却很难将想法付诸于行动，挣扎再三后回归原状是最经常看到的状况。所以如果没有十足的把握，还是选择其旧有的习惯作为销售的方向，对销售业绩来说会有比较大的帮助。

策略二：多试穿，可增加其内疚感

内疚感是销售当中可以运用的一种力量。比如，"我昨天特地坐了五十分钟的大巴，来回一个半钟头，就是听说今天您可能会过来"，这种说法会让对方很难拒绝。不见得喜欢，但是如果不买，心里会有内疚感，这时候这份内疚感对于销售的结果就能起到促进作用。"真是不好意思，刚刚堵车堵了一个多小时，本来可以早点把商品拿给您的，耽误了一点时间"，这样的说法能够获得到顾客更大的满意，事情已经做了，就可以想办法通过顾客的内疚感把效果做最大化的处理。

图3-5　耐心让顾客试穿

多试穿一方面可以让顾客多做体验，而另一方面则是要使其产生"不好意思"的心态，这是面对偏感性顾客时通用的原则。这类顾客一旦多麻烦了对方就会不由自主地站在对方的角度为对方着想，"麻烦销售顾问这么长时间了，耽误他做生意的时间陪我试穿，如果一件衣服都不买的话良心上会有点过意不去"，如果不买他们会觉得不好意思，所以多少得有点表现才行，最后他们会在自己所有试穿过的商品当中挑选出足以让自己下决心购买的商品，也不至于让销售顾问白忙一场，花点钱没关系，至少让自己良心上过意得去。

不过销售顾问要注意的是，这里所谓的多试穿不代表随意试穿，所以不是多方向、多角度的意思，尽量还是以顾客主要需求与旧有的习惯为主，中间可以穿插一些稍微具有一点点突破性意味的商品作为点缀，避免一成不变的乏味，但是不要反客为主，失去了推荐的主线，因为顾客最终能够下决心购买的商品还是主线商品的几率较大。

第三章
妙招教你识顾客

策略三：拉家常，交朋友

一般面对这种偏感性的顾客，销售顾问就要知道顾客的成交是准备要购买两样商品，一是商品本身，二是销售顾问，即买商品的同时也买"这个人"。他们喜欢良好的人际关系互动，不喜欢冲突、矛盾、争执，对于购买的氛围则喜欢在和谐、温馨当中进行，有朋友之间无拘无束的感觉，所以在面对这类顾客时非销售类话题的应用是很重要的一种技能，只懂专业是不行的，还要懂得聊天才行。如果只是就服装谈服装，就款式谈款式，"我是卖方、你是买方"这种购物氛围很难长时间地留住这类顾客，因为他们除了物质需求之外对于心理需求的要求也比较高。

这类顾客比较重感情、念旧，所以感情是顾客愿意掏钱以及长期持续掏钱的重要因素。因此，情感维系是顾客关系维护中的一个重要环节。销售顾问要舍得投资时间在这类顾客身上，发短信、打电话，甚至记得其生日，有意识地创造顾客的感动。要记得买衣服到处都可以买，部分款式各大品牌可能都有雷同的，只要是服装，很难找到完全的不可替代品，但是有一个因素是无可取代的，就是销售顾问本身，要把自己当作独一无二的"商品"。这类顾客属于忠诚度较高的类型，如果可以把这份情感建立起来，他们会常常帮你介绍顾客，当他们把你当作朋友时，他们就愿意为你创造利益。

顾客与顾客之间的要求是不同的，情感的维系对不同类型的顾客都是非常重要的，但是对每一种顾客类型的影响力有高低之分。对于主观型的顾客来说，这份维系可能不见得让他产生忠诚，因为他未必能对平日过多的联系产生共鸣，而你是不是他谈得来的人，是不是可以与其匹配相当、拥有共同话题的人才是他最关注的。对于求新型的顾客来说，现场的购物氛围是不是开心、活跃、好玩，每次过来是不是有人陪他做新鲜的尝试、创造新的发现且能有令他大开眼界的新鲜事物是他最关注的。而对于质疑型的顾客来说，他最重要的焦点放在性价比上，商品是不是物超所值，购买的时机、购买的价位是不是利益最大化、搭配最大化，自己所质疑的部分是否得到了耐心的解答是

他最关注的。

销售顾问要超越自己所习惯的顾客群，向更宽广的领域挑战。许多销售顾问所服务的顾客群都有一定的局限性，某些顾客群掌握度特别高，某些顾客群掌握度就低，这与自己的销售习惯和自身的个性有关，这也是我经常说的"用自己的性格做销售"。如果没有做到全方位的突破，用不同顾客所喜欢的方式满足顾客，最终就会因为顾客群有局限，业绩的开发也就有了局限。所以在此给销售顾问两个学习的关键点建议：一是要能开始学习顾客的分类识别，对顾客做出基础的区分，从区分中找到应对的策略；二是针对不同顾客的需求提升个人的能力，消除喜不喜欢和适不适合的顾虑，**对顾客分别对待，这样才能扩大自己的顾客群，掌握不同的顾客，也才能提升业绩。**

策略四：团队精神，共同促进

恰到好处的赞美对每一种类型的顾客都是有用的，但对于温和型的顾客来说效果更明显，因为在其性格特征当中有一项叫做"感性"，所以如果可以创造出"一时充分的感性"，那就更容易让其下定决心了。但是，这里的赞美不仅仅是指对接的销售顾问给予的，毕竟他与顾客之间还是有买与卖的立场存在，有利益关系的存在，所以很难被认为是完全无私的真诚与真实，多少总会有"为销售成交而为之嫌"。这里的赞美更多指的是团队之间的协助、配合，适时地出手帮助同事让其更加顺利地成交。当然这也考验了团队之间的默契和精神，总得要知道什么时候该出手，什么时候该等待。

销售顾问与销售顾问之间不要只关注自己所接待的顾客，当自己没有接待顾客的时候也应该关注现场其他同事的销售，多听听各路的声音，看是不是有我们可以出手协助的地方，养成先帮助同事的习惯，左右逢源，自然也能得到方方面面的帮助，要记得等待他人先伸手是最笨的习惯。

当温和型的顾客在试穿衣服时，其他销售顾问走过来不经意地说一句，"您真的很适合这个颜色，肤色看起来特别好看"，"这款式您穿起来显得腿部特别修长，搭上您这件上衣真的很出色"，温和型的顾客对于这种无私的赞美接受度很高，容易触动其感性的神经，这就是我前面所说的创造"一时充分的感性"。购买有时只是一时的冲动和激情，需求瞬间暴涨，对商品产生充足的购买信心和渴望，当然要做到如此境界只靠一个人的力量是远远不够的，需要靠团队共同创造才能完成。

图3-6　销售要懂得团队互助

如果我是对接的销售顾问，这时候还可以再补上一句"刚刚那位是我们这里的销售冠军，自己平常穿着就很有品位，非常懂得服装搭配，是我们店里所有销售顾问的穿衣顾问！"，把同事的话再做更深一层次的加持，抬高同事的专业水平，那么刚刚的那句赞美还能起到更好的效果。

不要把成交当成是个人的事情，即使店铺提成是个提，成交依然是团队共同的工作，所以这里最重要的是自己的心态，如果你把它当成是个人的事，团队所有成员就会把它当成是个人的事；如果你把它当成是团队的事，那么团队的成员就会把它当成是团队的事。自己的行为决定团队的行为，你可以让成交变得更简单，也可以让成交变得更困难。

　　因93号汽油上涨至8元一公升，车流量下降，行人流量增加，交通压力增大。为此，从5月1日开始实行路人限行。单眼皮单日出行，双眼皮双日出行，一单一双夜间出行，带墨镜出行者按故意遮挡号码牌处理，对割双眼皮出行者按套牌处理，请相互转告，严格执行！

　　分类就是一种管理，尤其在人的管理上可以提供一种可参考的原则，增加判断上的精准度以及策略选择上的正确性，从大致的方向把握走到深度的顾客把握。

第三章
妙招教你识顾客

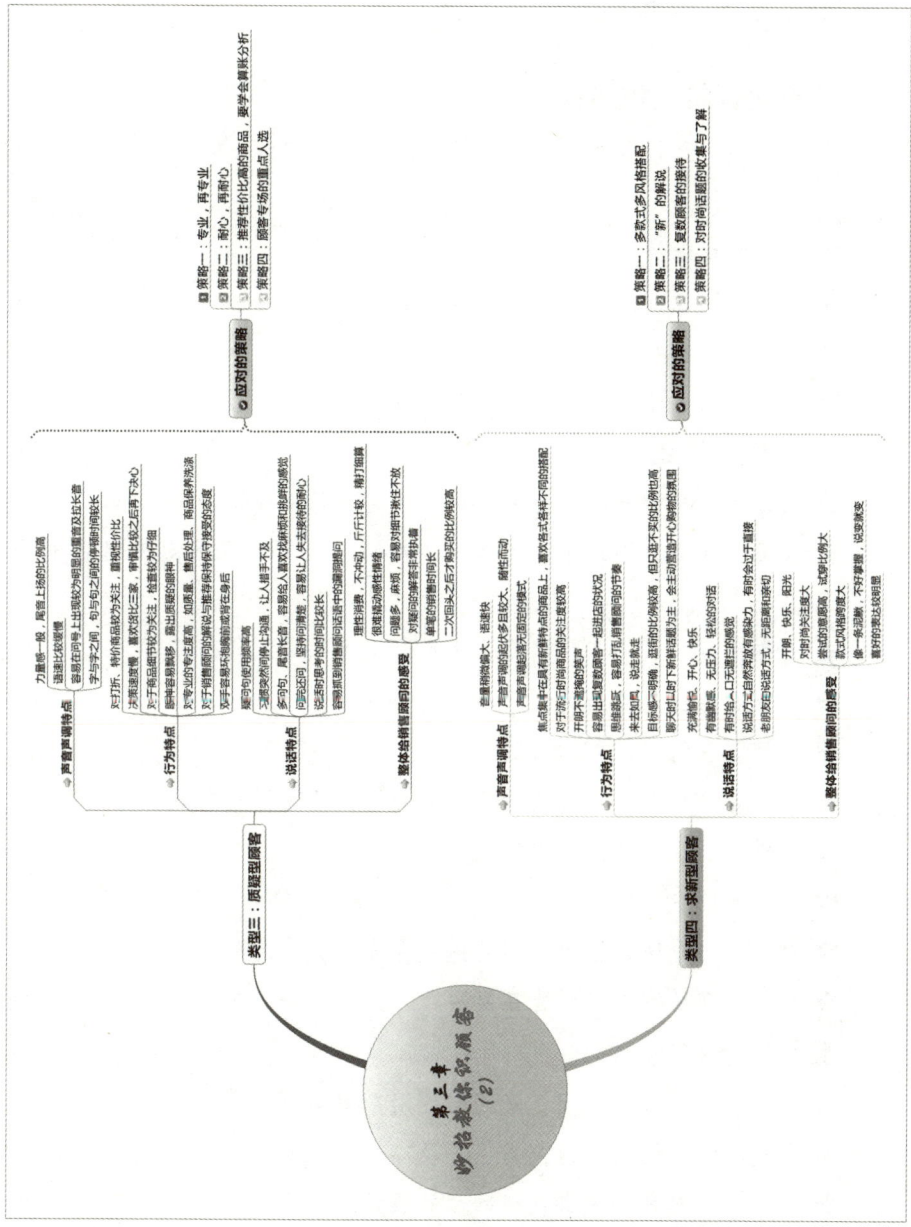

类型三：质疑型顾客

声音声调特点描述：

❊ 力量感一般，介于前主观型顾客和客观型顾客之间
❊ 尾音上扬的比例比一般顾客要高
❊ 语速比较缓慢
❊ 容易在问号上出现较为明显的重音
❊ 容易在问号上出现较为明显的拉长音
❊ 字与字之间、句与句之间的停顿时间较长

行为特点描述：

❊ 对打折、特价商品较为关注，购买商品时重视性价比
❊ 决策速度慢，不过不是不容易下决心，而是要审慎比较之后才下决心
❊ 两相比较权衡，多件商品、多角度比较
❊ 对于商品细节较为关注，检查较为仔细
❊ 眼神容易飘移，露出质疑的眼神
❊ 行为谨慎小心，关注质量、售后处理、商品保养与洗涤
❊ 习惯性货比三家，比较完之后再做决策
❊ 对专业的专注度高
❊ 对于销售顾问的解说与推荐保持保守接受的态度
❊ 双手容易环抱胸前或背在身后

说话特点描述：

❊ 事事疑问，事事提问，疑问句使用频率高
❊ 突然间停止沟通，让人措手不及
❊ 多问句，容易给人喜欢找麻烦的感觉
❊ 多问句，尾音长音，容易给人挑衅的感觉
❊ 问完还问，坚持问清楚，容易让人失去接待的耐心

✽ 说话时给人边思考边说的感觉
✽ 思考的时间比较长
✽ 容易抓到销售顾问话语中的漏洞来提问

整体给销售顾问的感受：

✽ 理性消费，不冲动
✽ 很难撬动感性情绪
✽ 问题多，麻烦
✽ 对细节揪住不放
✽ 对疑问的解答非常执着
✽ 斤斤计较，精打细算
✽ 单笔的销售时间长
✽ 二次回头之后才购买的比例较高

应对的策略：

策略一：专业，再专业

面对质疑型的顾客，专业是成交环节中重要的关键因素。这类型的顾客对于自己所需要的商品会做好前期的准备功课，虽然这些功课可能不是为了这次购买所做的，而是他平时就会对这些专业多加关注，为自己未来的购买打下专业的基础，要让自己在选购商品时有一个清晰的参考标准。这些知识可能从销售顾问身上得到，也可能从书本、网络上收集，还有周边朋友的购买意见。如果销售顾问对于这方面不关注，对自己所销售商品的专业过于轻视，很可能在销售现场会发现顾客说得头头是道，显得比自己更加专业，或是直接被两个专业性的问题问傻眼，顿时哑口无言，最后顾客还得解释给销售顾问听。这样不仅销售无法进行，而且还让销售顾问立马颜面尽失，对自己的商品还不如顾客专业，到底是谁卖商品给谁都搞得不清不楚、不明不白。

我二哥就是典型的质疑型顾客，其实这对我来说是一种福气，但是对销售顾问来说可能就是麻烦和灾难。他不只是在买东西时有这样的研究精神，对于身边相关的事物都拥有一样的研究精神。所以在我刚刚进入社会工作的时候，最不喜欢跟他谈到我要去做投资的事，因为只要一

在他面前谈起，基于哥哥对弟弟的关爱，他才不管我是不是谈得热血沸腾，他的问题就会排山倒海而来，希望我能把这些问题想清楚之后再做决定，以提高投资的成功率。还没完全想清楚而且又年轻的我经常不知道如何回答才好，所以被问得信心越来越低落，犹如被当头浇了一大盆冷水。所以我经常开玩笑地说，跟他讨论完事情之后顿时会发现人生没有什么希望，啥事都不要做了。

我经常在内地讲课，所以如果需要在台湾地区买点东西，我最喜欢找我二哥帮忙选购。比如，我要买一台笔记本电脑，他会仔细询问我的需求"蓝牙要不要，DVD要不要……"，每一项功能跟我核对清楚，三天之后我就会收到一份完整的各品牌商品报价对比表，华硕、宏基、IBM等，上面还有他个人的性价比分析以及最终的建议。对我这种没时间选购且对选购又没有耐心的人来说，这种做法在很大程度上解决了我的困扰，我只要看完分析表之后做出决定就行。当我告诉他我的决定之后，他会询问我要安装哪些特殊的软件以及我回台湾的时间，最后给我一句话，回来前一星期告诉他，他会安排时间下单，因为时间如果长了，价格还会有些变动，说不定还会更便宜一些。

这就是这类顾客的特征：对于所花的每分钱都不会草率对待，一定要求认真负责，过程很谨慎，决策很小心，一旦决策，就一定是自己深思熟虑之后的结果，将错误降低到最小，对于销售顾问的专业度要求比较高，要能为其排疑解惑，最终才会有满意的成交。

策略二：耐心，再耐心

以前我跟我二哥讨论事情时，如果他感觉我已经没有耐心再继续听他讲了，"照你这样说，瞻前顾后，什么事情都别做了！"，他就会迅速结束话题以免继续产生争论，"我只是提我的意见，最后决定还是看你，小心一点就好"，然后不欢而散。这类人只愿意说给有意愿、有耐心的人听。以前不明白，一直到了30多岁，我才明白他的价值在哪里，"在做每一件事情之前，通过大量问题的收集与思考，事前想清楚以免事后再来后悔，将风险降至最低，提高成功率。"

没耐心会阻碍沟通的继续进行，其实他们也知道自己的问题多，也

第三章
妙招教你识顾客

图 3-7 耐心是创造财富的源泉

明白这一堆的问题很容易让对方失去沟通的耐心，但是不问清楚又没办法让自己下定决心，所以最终还是会选择对自己负责任的方式，把疑问通通说出来寻找答案。

不过，在这个过程中如果他发现销售顾问已经失去聆听和解说的耐心，为了避免造成对方的困扰，同时也不愿意让自己变成一个令人讨厌的人，他就会选择结束话题，寻找下一个对自己有耐心的对象，而不会在困扰对方的情况下继续前进。所以在接待这类顾客时耐心特别重要，一旦销售顾问失去了耐心，基本上销售就终止了。**有时候他们的问题并不是挑衅，而是被误以为是挑衅而已，也不是不信任我们，而是他需要更多的信息来支持自己的购买**，让自己买得安心、放心，搞清楚、弄明白是对自己和他人都负责任的一种方式。

问题多是一件招人烦的事，烦人也确实让人不舒服，但是如果能熬过这个过程，就可以享受到这类顾客长期的忠诚。在这七八年的时间里我的电脑都是我二哥帮我购买的，当然我也知道，这七八年的时间他购买的销售顾问都是同一个人，换都没有换过，忠诚度极高。我曾经问过我二哥："其他地方会不会更便宜一些呢？你老是跟同一个人买。"我二哥的回答是："有可能，不过你要看售后和服务，虽然差一点点钱，不过

这里我熟,所以会买得安心!"我发现二哥在多花钱之后还会帮他说话,帮他找理由,继续维持自己的忠诚。我相信这个销售顾问应该也经历过一段过程最后才获得我二哥的忠诚,不过这个过程最后的结果是值得的。

这类顾客的忠诚度是几种顾客类型中最高而且最稳定的,一旦形成了购买的模式,经过了多次的磨合和适应,他就会循着以往的模式重复循环,因为要找到对他有耐心的人不容易,一旦找到了也不会轻易地更换对象。所以**要享受一个人的好,那就要包容一个人的糟,没有耐心去享受他的糟,他的好也没有理由在我们的身上扎根**,所以"耐心,再耐心",最终才能修成正果。

策略三:推荐性价比高的商品,要学会算账分析

性价比是这类顾客购买商品时的重点,利益最大化是他们永恒不变的追求。所以实用性不高、性价比较低的商品对他们来说,可能不是最好的选择。时尚的商品或是高端的商品他们不是不喜欢,而是要盘算完可以搭配的方式,有时为了一件上衣还要再加买一条裤子,或是这件上衣只能搭家里的一条裤子,甚至为了身份的象征而在当季原价时买一个高端的包,这些可能都不符合利益最大化的原则,但如果这个包可以为其在公司大会中绽放异彩就另当别论了。我身边有一个朋友就是这种类型的顾客,平常的穿着打扮全身上下都是名牌,一拿算盘打起来,价格会吓死人,但是仔细询问之后会发现,他身上所有的名牌都不是在当季买来的,大多价格与原价的差异之悬殊让人跌破眼镜。他消费的至理名言就是"今年买明年要穿的衣服,冬天买夏天的,夏天买冬天的!"

但是在这一点上不要错以为他们花不起钱、没有消费的能力,所以需要推荐低单价的商品给他们,一旦真这样做了,您会发现他可能连一点兴趣都提不起来,因为这是一个错误的认知,是一种不了解顾客的表现。"花不起"跟"不愿意花"是两个概念,一个指的是没有,而另一个指的是有却不愿意拿出来消费。性价比和价格也是两回事,性价比指的是价格和价值之间的落差,价值高但价格低则性价比就高,而价格则是赤裸裸的数字,价格低不代表性价比高,价格高也不代表性价比低。举个最简单的案例来说明一下,两个一样实用的包,一个是10万元的包

打5折,另外一个是3万元的包打8折,以购买单价来说10万元的包还是高于3万元的包,但是以性价比来说10万元的包就远高过3万元的包了。在这种性价比的对比下,这类顾客评估之后购买的包极有可能是10万元的包而非3万元的包。所以不是花不起钱,而是这些钱到底花得值不值,花在哪里更能体现价值。因此,针对这类顾客,在服装的推荐上可以有以下三个侧重点。

猫尾巴式的思考

其一:百搭。

我们所推荐的商品尽量以"百搭"作为主力的方向,因为在这个方向上我们可以创造出商品最高的实用价值来。

其二:有较高折扣的高单价商品。

这些商品可能在之前算账的过程中不会被顾客放入购买的购物清单上,但是打了折扣之后,这类商品购买的诱因就会出现,因为这时候性价比会有大幅度的提升。当销售顾问面对这类商品时,脑子里就应该有顾客的名单出现。如果大脑里没有名单,那就代表在销售的过程中有了遗漏和不足之处。

其三:商品价值远超过商品价格的商品。

一般市场上这类款式、这类面料的衣服大多数品牌都卖二百元,而我们只卖一百五十元,远低于其他品牌的零售价格;或是在我们自己的品牌里,类似款式、类似面料的商品的定价偏低于其他商品,这些都属于这一类型的商品。

推荐的方向越精准,越不容易浪费销售的时间和消磨顾客的耐心,时间过了不会再回头,顾客的耐心过了也不会再回头。

策略四:顾客专场的重点人选

换季、过季商品,缺色断码,出清存货,这是很多品牌或是代理商、

加盟商都会举办的清仓活动。在这个活动中,折扣的落差是最吸引人眼球的地方。"划算"、"性价比高"是最大的购买诱因,对于精打细算的人来说,这时候是最佳的出手时机。当然,这种质疑型的顾客就是我们最大的顾客资源,消费得起,而且重视性价比,有足够的经济实力做大笔的消费。

这时候就要考验销售顾问对顾客的熟悉程度了,平常有没有把这一类型的顾客资料做注明和归档,通过历年的积累手上到底拥有多少这样的商业资源。俗话说"书到用时方恨少",许多销售顾问是到了举行折扣活动的时候,不知道要通知谁,手上的名单寥寥无几,发几条短信也就通知完了。企业已经牺牲了利润以期创造更多的业绩,但是有些销售顾问对于这次活动中到底可以为自己创造多少业绩一点把握都没有,平时不努力,最后连临时抱佛脚都没有用。

图 3-8　考验销售顾问对顾客的熟悉程度

我曾经在台湾注意到一个男装的品牌,他们的领带销售速度非常快,出于好奇,我问销售顾问:"你们这领带的销售为什么这么快?假如今天喜欢没买,过两天再来可能就没了!"他的回答让我印象深刻:"因为我们在到货的时候,基本上都知道在我们的 VIP 顾客里哪些顾客会喜欢。"

所以他们的商品到货之后基本上都不是用销售来完成商品消化的，而是通过通知 VIP 顾客买回去来完成销售的。用心才能拥有好成绩。

类型四：求新型顾客

声音声调特点描述：

❋ 声音音量稍微偏大

❋ 语速快，说话节奏是各类型中最快速的

❋ 声音声调的起伏较大，而且起伏较多

❋ 声音声调起落无固定的模式

❋ 声音声调随性而动

行为特点描述：

❋ 容易集中焦点在具有新鲜特点的商品上

❋ 对于流行时尚商品的关注度较高

❋ 开朗，不遮掩的笑声

❋ 容易出现复数顾客一起进店的状况

❋ 所关注的商品未必适合自己，但跟时尚有关

❋ 思维跳跃，容易打乱销售顾问的节奏

❋ 会主动营造开心购物的氛围

❋ 来去如风，说走就走

❋ 逛街的比例较高，但只逛不买的比例也高

❋ 喜欢尝试新鲜、各式各样不同的搭配

❋ 聊天时以时下新鲜话题为主

❋ 目标感不明确

说话特点描述：

❋ 充满愉悦、开心、快乐

❋ 有幽默感，无压力，轻松地对话

❋ 有时给人口无遮拦的感觉

- ✱ 说话有时会过于直接
- ✱ 说话方式自然奔放，有感染力
- ✱ 老朋友的说话方式，比较亲切，无距离感

整体给销售顾问的感受：

- ✱ 开朗、快乐、阳光
- ✱ 对时尚关注度高
- ✱ 尝试的意愿高，试穿比例大
- ✱ 款式风格跨度大
- ✱ 像一条泥鳅，不好掌握，说变就变
- ✱ 喜好的表达较明显

应对的策略：

策略一：多款式多风格搭配

爱玩、贪新鲜是这类顾客的特点，所以购买对其来说不只是寻求商品的满足，更是一种寻乐、淘宝的享受过程。买不买不是一个既定的目标，也没有任何的压力和负担，买也来逛街、不买也来逛街，逛街就是一种增加趣味的生活方式，也是打发时间的一种途径。如果碰上合适的就买，如果没有合适的也无所谓，所以购买的随机性比较大，目标感不强，可能一天买十件但也有可能一天下来什么都没买。这类人经常说一句话"真的想买的时候不一定买得上，不想买的时候目标就出现了"，所以总结出一个结论"所以要经常逛街"。其实这是购买的目标感不强导致的，有人想买就能买成，因为他的焦点集中、时间高效，而有人想买就买不成，因为他的焦点分散、时间低效。

对于这种顾客，销售顾问在推荐的时候宽度可以扩大一些，多让顾客尝试不同类型的风格、款式，让顾客从中找到自己今天有兴趣的商品。这里用"今天"这两个字，是因为等到顾客下次过来的时候可能购买的焦点又完全不同了，今天不代表昨天，今天也不代表明天。对于这类顾客，销售顾问比较难掌握一个常规的购买规律和习惯，可以用"变化无常"四个字来形容，所以这里用"今天"这两个字来限定。这类顾客的需求经常都是当天突然产生、结果当天就成交的，也许顾客自己都没有想过今天要购买这类商品,这个需求也不是事前想好的,大多是临时起意,不要说销售顾问抓不准,有时候连顾客自己都抓不准。

因此,销售顾问在面对这类顾客时,最好把整个销售过程变成一种游戏,先不把目标聚焦在结果上,顾客没有游戏规则,我们也打乱游戏规则,大家一起乐在其中,先把这游戏玩开心了再说。我们可以把顾客当成试衣的模特,从上下装的搭配到包到配饰,把各种不同的搭配都让其尝试看看,也可以把我们平常所做的搭配演练中各种不同的造型在顾客身上演练模拟一番,让整个销售过程变成有趣的,不是为了销售而销售,而是在开心玩乐的过程中最终完成销售。

在这个过程中可以把目的性放低一点,不要一直追寻顾客某个主要的需求,因为对这类顾客来说,购买是随意的,目的性本来就低,他可能自己也说不上来今天主要想看什么样的商品,所以也有可能出现销售顾问问不出需求的状况,其实顾客不是不说,而是说不出来。

策略二:"新"的解说

"新"的定义不只是新的商品,还可以包含新的款式、新的系列、新的风格、新的设计、新的搭配方式等。这类顾客求新求变,对于新鲜事物的接受程度高,而且具有较高的尝试意愿,在逛街购物时容易被"新"的主题吸引,对于"过去"、"旧"了解的意愿不高。所以销售顾问可以把商品介绍的重点放在"新"这个字上,这样顾客容易集中焦点,也会有比较高的兴趣深究我们的商品。

不过销售顾问要注意的是,既然要在"新"这个字上做文章,那就要在阐述的过程中把"新"这个字突显出来。我经常在销售现场听到销售顾问轻描淡写地把"新"介绍出来,然后又轻描淡写地把"新"给带过去,"这款是我们今年的新款",当我还想再继续往下听的时候,踩下刹车结束了。我在店里还会听到顾客问"这两款为什么款式差不多但是价格差好几百",解答也只是一句话"这款是新款,那款是老款",我正想听进一步的差别在哪里,已经解释完毕了。单单就是新老款的区别,就要让顾客多掏好几百元,这样的说法就是在无意之间逼顾客选择老款而不选择新款。

"新"这个字如果要体现出来有以下两个重点可以关注。

猫尾巴式的思考

其一:"新"在哪里?

面料、款式、设计、辅料、肩章、口袋、双拉链,这是顾客在听到"新"这个字之后首先想要了解的地方,偏偏很多时候销售顾问就此打住了,销售顾问不说,难道让顾客自己研究与摸索吗?同样的款式和设计,可能新在面料;同样的面料和款式,可能新在设计。每一年的商品一定都有不同之处,**用心的销售顾问从细节着眼,不用心的销售顾问可能连眼都不着在商品上**。爱自己的商品,商品才有可能爱你;如果你不爱商品,就不会去了解商品,而不了解商品,商品也不会爱你。

其二:怎么个"新"法?

这部分如果销售顾问不说,顾客单单靠眼睛看、靠手触摸不见得可以看得出来、摸得出来。公司可能在这方面花了不少的研发费用,但是商品到了终端却不一定能体现出价值来。销售顾问是商品价值体现最重要的输出端口,对此企业要有意识,销售顾问也要自律自觉,如果环节没有打通,花再多的钱最终可能都只是打了水漂而已。

这里有几个可以具体体现"新"的方向提供给大家参考。

猫尾巴式的思考

方向一:新与旧的对比,这代表的是进步。比如,"过去用的是……工艺,今年采用的是……工艺,差别在……","之前的设计比较注重……,今年的设计比较注重……,穿起来的差别在……"。

方向二:与国际流行时尚挂靠,这代表的是前沿。比如,"这是今年新的主打色,是国际上的流行色,像今年……品牌、……品牌都是以这个色系作为主打，是今年主要的流行色"。

方向三：与竞争对手差异化，这代表的是高端。比如，"这是最新采用的……面料，像我们同类品牌一般还是采用……面料，今年我们是唯一一个采用……面料的品牌，这两种面料的差别在……，穿起来的差别在……"。

方向四：新的搭配方式，这代表的是创意。比如，"其实一般像这类的商品，我们通常是搭配……，其实创意一点的穿法可以搭配……，同样的衣服但是可以穿出新的味道来"。

方向五：新的系列、风格，这代表的是改变。比如，"这是今年新的系列，主要走的是……风格，面料……，款式……，穿起来的感觉是……"。

用有效的"新"去吸引顾客的目光，用有效的"新"让顾客产生兴趣，用有效的"新"让顾客兴致高昂地去尝试。

策略三：复数顾客的接待

一般求新型顾客逛街时都是三五成群，不像主观型的顾客以一个人逛街为主。他们喜欢热闹，会互相交流探讨，彼此给意见，当然人只要一多口就杂、意见就多，虽然顾客多了成交的机会也多，但是处理起来相对也会比较麻烦。销售顾问在现场一定有过这样的经历，销售走到了最后要成交的环节，其中某位顾客一句话"你不适合！穿起来不好看"，结果前功尽弃，竹篮打水一场空饮恨告终。所以面对这样的顾客群，最好销售现场的所有销售顾问可以凝聚共识、团结合作个个击破，创造有利的销售局面，这样大家都有成交的机会。所以这里给出两点建议，如下。

猫尾巴式的思考

其一：找到关键人，单点突破。

在一群人当中一定会有一个影响力比较大的人，这个人说话大家比

较愿意听、愿意相信，最重要的是比较不愿意得罪，在群体中可以起到带头的作用。因此，销售顾问首先不要急着投入销售，必须要把这个人找出来，提早做出预防，免得最后起破坏的作用。我个人的判断经验是，走路时谁在前、谁在后，一般走在前面的为主，走在后面的为次；平行站立的时候肢体语言谁向谁自动靠拢，一般被靠拢的为主，靠拢的为次；女人与女人之间谁挽谁的手，一般被挽的为主，挽人的为次；谁问谁比较多，一般被问的为主，问人的为次。这里提醒大家最好几个参考标准一起综合评估，不要用单一的参考标准去进行判断，标准单一容易出现判断失误。只要几个参考指标一起综合判断，很容易就可以找到主位的顾客。所谓主位的顾客指的不是买单的人，而是具有影响力的那个人。

找出主位的顾客之后，拖他下水是比较好的做法，"要不您建议一下，看看您的朋友适合怎样的打扮，我拿几套过来，您给点意见"，"我看您很了解您的朋友，要不帮忙推荐一下"。让他参与其中，只要他参与其中就会身陷其中，最后为了证明自己的眼光是对的，他会为他的建议负责和坚持，甚至会主动帮你说服顾客购买。记住一个关键点，我们跟顾客之间的交情很难在短时间内超过他们朋友和朋友之间的影响，所以当关键人否定我们时，不管我们有多么专业，可能都发挥不出力量来。

其二：男女分开。

当男性和女性一起逛街的时候，要注意男性的耐性问题。一般男性顾客没有太多的耐心用于逛街和长时间的选购，所以男性的耐心会直接影响到女性顾客的购买情绪。因为女性选择的时间过长，还没有出店门口就已经吵起来的情况我遇到过好几次。为了避免男性的破坏作用同时触发男性的推进作用，一般我的做法是，第一步确认关系，"请问一下，这位是……？"，不要随便用自己的猜测判定他人的关系，一旦猜错的话后果有时无法设想。现在的社会变了，年龄大的男人未必是爸爸，可能是老公，而年龄大的女人也未必是妈妈，可能是太太。我跟太太就相差十七岁，如果销售顾问把我当成是爸爸，我可能不会生气，而可能会直接晕倒在现场。

第二步是有可能分开的话就尽量把男女分开，"请问一下，先生您是要一起慢慢挑选呢，还是在我们的休息区喝杯茶呢？我拿杂志给您看，等您太太选好了，您再一起给意见就好"。如果不是刚刚谈恋爱打得火热，大多数男人会选择前往休息区。销售顾问在端茶的时候要稍做一下赞美，"现在愿意陪太太逛街的先生真是不多，您真是好好先生"。这句赞美的用意其实很简单，就是让先生心里舒服，请他待会儿不要乱说话。"女为悦己者容"，如果先生说好看，买单的几率就可以大大提高了；如果先生说不好看，就算女性顾客再喜欢都会有顾虑，结果增加了成交的周折。况且大多数男人连男装都搞不懂更何况是女装，男人只要心里舒服了，销售顾问说好看就好看，越多的否定，对他来说等待的时间会越长，如果您是男人，以您的耐心，您如何选择？

其三：男女都有，细部观察。

在男女都有的情况下，大男人会变得绅士，大女人会变成小女人，如果其中还有男女之间的微妙关系，这个大女人会变得更快。这时候销售顾问要多用点心思去观察，一般主位的人虽然本人会变得客气些、谦虚些、隐藏些，但是深层次的东西还是很容易被发现，比如比较大气的肢体语言、周边人对其的关注和询问意见、本人说话的用字遣词、声音声调的表现、眼神等。通过这些外在表现就可以分别来出，因为一个人不会滴水不漏，即使自己可以做到滴水不漏，他也控制不了身边所有的人。"你们买衣服别都问我呀！又不是我穿"，"你们别老问我，好像我很挑剔似的"，这就是想隐藏但又藏不了，控制得了自己却又控制不了其他人的情况。

策略四：对时尚话题的收集与了解

图3-9　收集和了解时尚话题

最佳的状况是我们的销售顾问对于时尚、国际流行趋势有一定的了解，平常对于这方面的信息有主动收集的习惯，在面对这类顾客的时候，可以把自己平常所学所看的作为销售的工具进行应用，引发顾客的兴趣，获得顾客的信任。当然在这一点上，销售顾问要能自我要求，**做一行就要像一行，如果做一行不像一行，那么就不如转行**。尤其这部分是企业很难监督考核的部分，只能靠销售顾问自律去完成，种什么因，得什么果，半点不由人！

如果顾客对于时尚的了解真的比我们多得多，那么我们应该怎么做销售呢？我们虽然很努力地学习，但是还是有可能遇到比我们更专业的人，毕竟"人外有人、天外有天"。这时候建议销售顾问做好以下三件事：

第三章 妙招教你识顾客

猫尾巴式的思考

第一件事：闭嘴，聆听，微笑，点头，赞美，用谦虚的学习心态让对方获得专业上的成就感。

第二件事：衷心地感谢，明确表达出自己学到知识的谢意，即使今天没有做成销售，但是所学习到的知识比业绩的价值更高。

第三件事：瞬间转换成服务的角色，用最快速的服务动作满足顾客的需求，并且关注顾客的搭配、穿着上的专业，不以做业绩为目的，把这次的销售当成是学习，最终所得到的会比业绩的价值更高。

顾客类型的分析绝对不只是以上所说的内容，因为我们以上所探讨的仅仅是典型的顾客类型分析。在实际的销售现场，许多顾客并不是完全的典型，因此在顾客的细分当中还有更多的讲究和更多需要琢磨的地方。主观偏求新，温和偏质疑，这些中间的细化部分需要销售顾问在现场用心地总结。我不敢用"师傅"两个字来说，所以我说"分享引进门，修行看个人"，许多的道理可以在文字上说明白，但是在实际应用上需要通过更多的实践总结成自己的心得。**"理论是清楚的，道理是明白的，但实践是模糊的"**，要让自己从云里雾里走出来，没有人能帮你，做得到的只有你自己。我是中国服饰终端固化销售七流程的创造者，也是服饰终端话术模板的创造者，但我不敢说一个模板就可以解决所有顾客的疑义，我只知道要对顾客心存敬意、尊敬环境，低头才能看得到万事始于足下。

一男子结婚时向上帝发誓忠于自己的婚姻，可婚后不久他就出轨了，

他不安了好几天后发现也没有什么报应,最后就淡忘了。直到有一天他坐船航行遇上暴风,才突然意识到上帝的惩罚,于是赶紧跪下来祈祷:"请求您看在船上其他无辜人的份上饶恕我吧!"这时只听空中传来一个低沉的声音:"你以为这些年我闲着呀!要凑齐你们这一船人我容易么我!"

学习有时只是一种意识,只是一念之间的想法,只是心中的认知,但却未必是认知转化之后的行为,所以知道要学习的人很多,真正付诸于实践的人却很少。

第四章

看透顾客心

第四章
看透顾客心

相见恨晚是一种惊艳的感受，是一种在顾客心中产生冲击之后留下深刻印象的惊喜，当然这是通过销售顾问的用心创造出来的，绝对不是靠运气能得到的，是一个人实力的表现，是日积月累、辛勤经营的结果。"这个人如果能够早点认识该有多好"，"这个人怎么没有早认识呀！真是可惜"，"以后有空可以多来找找他！感觉不错"。偷顾客的心于无形，让顾客主动自愿地交付，最终销售顾问在不知不觉中把顾客的心收入囊中，成为顾客心中消费时的不二人选，不是销售顾问去找业绩，而是业绩源源不绝地来找他！

当然要成为顾客心中的这类人，肯定也要有过人之处才能办到，最重要的是能把见人说人话、见鬼说鬼话做到无形、做到极致，面对每一个顾客可以做到分人对待，而不是形式化地走过销售流程然后满心期待结果。而面对每一种不同的状况时，也可以做到进可攻、退可守的差异应对，让自己可以化险为夷、绝处逢生、立于不败，而不是公式化地把公司要求我们该说的说完就好，只求其形不求其意。要尽己所能地把销售做得更有生命，更加生活化和自然流露，慢慢地从表面的销售深入到顾客的内心世界，轻轻抚触顾客的心，依循着顾客内心的意愿和想法制定每一次销售所使用的策略。在外人来看是无法复制的八面玲珑，但其实却是清清楚楚的有迹可循。销售不只是可以做一阵子的工作，更是一门值得用一辈子时间去钻研的学问！

在这个过程中，销售顾问要能做到感知和后知。**感知是要用心去发觉顾客大致的类型，清楚应对顾客的基本策略，然后在过程中再慢慢总结与修正做法。**在学习的过程中要把每一个顾客当作研究的案例，用源源不断的顾客群提升自己，让每一个顾客在我们的职业生涯中产生价值，最终熟练地用对方喜欢被对待的方式去对待对方，让顾

客感觉彼此仿佛已经认识了很久很久，有默契、懂心意，一点都没有陌生感，很快拉近彼此之间的距离，提高顾客与我们沟通的兴致，提升销售的流畅度。

而后知就是要能够从顾客的细微信息中很快了解顾客的意图，成为顾客的知己。顾客只要说了上句，我们就知道顾客想说的下一句，知道顾客的需要，满足顾客的需求；顾客有顾虑时不用明说，我们知道他的顾虑；顾客有面子问题下不了台时，我们知道找台阶让他下；顾客有想尝试的冲动时，我们帮助他下决心；顾客有难言之隐时，我们可以站在顾客身边作为知心的朋友，愿意聆听、愿意分享、一起承担、一起解决。我们可以敏感地从顾客的用字遣词中了解顾客的意愿和想法，能够用最佳的方式给顾客最佳的方案，让整个销售过程贴心而且温暖，让顾客在我们面前是轻松的，购物过程是愉悦的，将买和卖之间的对立降至最低，在信任的基础上完成销售！**花钱是一回事，花得开心、花得满意，甚至期待下一次的见面才是我们的追求。**

我用"后知"这两个字，而不是用"预知"这两个字，是因为我们不是先知，无法提前预知顾客的一切，我们对顾客的了解都是在顾客透露信息之后通过分析最终得到的。如果没有得到这些信息，销售就必须在摸黑中进行，而销售顾问如果能够真正做到后知，那么就拥有了不得了的能力。

第四章
看透顾客心

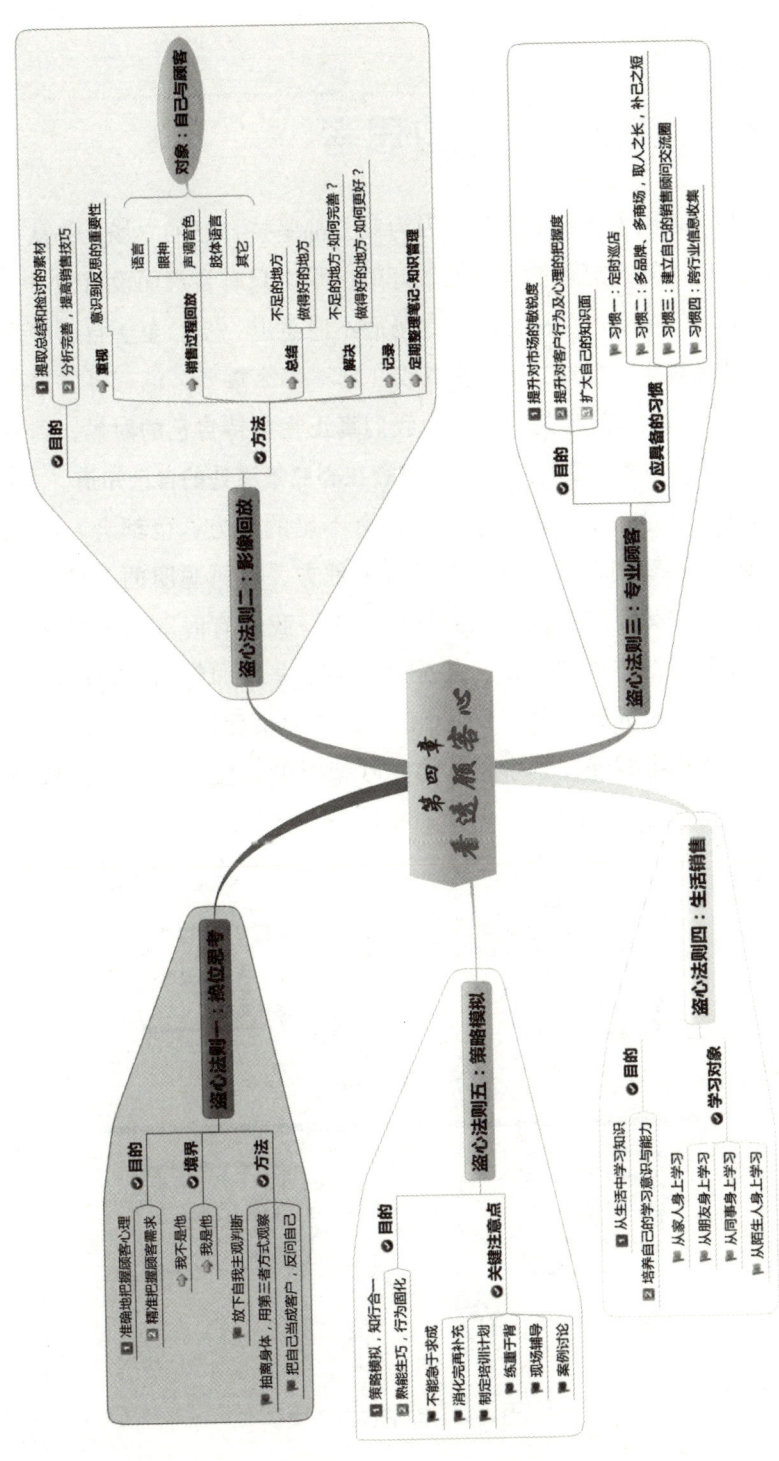

盗心法则一：换位思考

人与人之间发生纷争大多是因为双方都坚持自己的立场，都认为自己是对的，是比较有道理的，是比较好的，眼中只有自己而没有对方，所以希望对方可以接受、顺从自己的立场而不愿意退一步。至于自己绝对是对的吗？是绝对比较好吗？这个答案或许真不那么重要，也有可能当事人根本就不曾启动大脑思考过。因为**当我们真正在坚持自己的时候，到底是意气之争，还是真的为真理奋斗，只有藏在心底最深处的自己知道。**

其实公平地来说，每一个人都会有不足的地方，也都会有值得别人学习之处。**再笨的人也会有他有道理的地方，而再聪明的人也会有他的疏漏之处**，关键是如果没有做到换位思考，我们有时真的很难从自己主观的立场和看法中剥离出来，甚至会因为越坚持而越钻进自己的牛角尖里，这时候的世界就只是一个小小的点，有时最后就变成执念了。

我经常在电视连续剧中看到男女吵架时的一段对白，可以特别形象化地说明我刚刚所说的。

图4-1　学会换位思考

第四章
看透顾客心

其实双方都不用互相指责，因为两个人半斤八两，都没有站在对方的角度上想。这时候每个人的眼中、心中都只有自己，剑拔弩张、互不相让，就像两只斗场上的斗鸡，准备拼个你死我活。如果这样的状况继续下去，最终就只有两败俱伤，谁也捞不到好处。其实在销售上也是如此，乍看之下顾客好像没有损失，其实不然，顾客可能今天真的有强烈的购买需求，但是最终没有买成。顾客可能很喜欢某件商品，但是在销售顾问面前放不下面子，最终依依不舍地忍痛离开。**没有成交只是代表顾客没有花钱，但不代表顾客没有损失。所谓的损失不能只从单一的花没花钱这个角度上去看**，否则法律上就不会有精神损失费。补偿精神损失费就是为了要把心灵上的损失以一个量化的形式进行处理，希望可以降低损失力求圆满，所以失望也是一种损失。

顾客的心意是不是真的很难懂？其实说难也难，说简单也很简单。能放下个人主观的销售顾问就会觉得比较简单，放不下个人主观的销售顾问就会觉得比较难，心能静下来听的人会觉得比较简单，心静不下来总想开口说的会觉得比较难。**把顾客的提问当成自己的提问，把顾客的反应当成自己的反应，把顾客的用字遣词当成自己的用字遣词，然后静静地聆听自己心里的声音，学会把自己抽离自己的身体，用第三者的方式有距离地观察自己，这时候我们就可以听到自己的声音，慢慢也就可以贴近顾客的心了。**

因此，要能够做到迅速的换位思考，销售顾问就要从第三者的角度公平客观地问自己问题，并且不要逃避心里真实的想法，干干净净地接收来自我们心底的信息，**不存在好坏，也不存在批判和否定，真实才能认清真相。**

当我是消费者的时候，我会仔细体验我和销售顾问之间的销售过程，只要发现自己的心里有触动，我就会开始问自己。

猫尾巴式的思考

刚刚是哪句话或是哪个动作触动了我？

听到之后我的感觉是怎样的？

如果这个触动是好的，为什么？

如果这个触动是不好的，为什么？

如果我是他，我这么做或是这么说的用意是什么？

他的做法、说法和他的用意是不是一致的？

如果不是，那问题出在哪里？

如果我是他，我怎么做或是怎么说会更好？

为什么会更好，好在哪里？

当我是销售顾问的时候，我也会仔细体验我和顾客之间的点点滴滴。同样的，当我发现心里有触动的时候，虽然当下我无法马上询问自己，但是在我整个接待完毕之后，我会静下心来问自己。

猫尾巴式的思考

刚刚的那个时间节点上，是哪句话或哪个动作触动了我？

触动到我的原因是什么？

这个触动是好还是不好？

如果触动到我的是一句话，这句话中有哪些词语触动了我强烈的感受？

换位思考，如果我是顾客，在什么状态下我会出现这样的用词？

如果我是顾客，我希望通过这个词语来表达什么？

如果我是顾客，我这时候的意愿和企图又是怎样的？

如果我是顾客，我要突破我自己的心防，我应该怎么说？

如果我是顾客，我要让自己顺从对方，我又应该做些什么？

第四章
看透顾客心

所以当我是顾客时，我会通过换位去了解销售顾问，而当我是销售顾问时，我会通过换位去了解顾客。因此，不管我是何种角色，都可以用自己的矛去攻击自己的盾，同时拿自己的想法、心态、说法做攻防。我是顾客但同时我也是销售顾问，自问自答，说服不了，问自己为什么；说服的了，再问自己为什么；最后问自己这是不是目前总结出的最佳做法。通过分析自己、说服自己，最终在自己跟自己打仗的过程中提升自己。

我个人认为换位思考有两个境界：一是"我不是他"的境界；二是"我是他"的境界，这也是我个人所追求的一种境界。

什么叫做"我不是他"的境界？**意思是我们跟顾客始终还是分开的，我们只是根据这个顾客所透露出的外在信息进行分析与判断**。在这样的性格下，在这样的状况下，在这些用字遣词上，在我们所收集到的有限信息中，让自己尽可能地站在对方的角度上思考，把这时候所有可能的企图和想法都分析出来，再来反复琢磨，找出"最大"的可能。这时候的我并不是他，我只是根据外在的信息把自己假设成是他。

这里要鼓励销售顾问，在这个境界里可以多学习性格学作为辅助，不要总只是目的性很强地为销售而学销售，眼中只有FAB、商品卖点、销售话术，结果看不到其他辅助性知识和技能的重要性。比如，九型性格、色彩心理学都是不错的学习方向，因为这些分析不需要通过太多的工具来进行，也不复杂，操作性比较高，对于个人的学习来说相对简便许多，同时在工作和生活中的运用也比较广泛。使用性格学对每一种不同类型的人进行分析，销售顾问可以更大面积地了解不同的人可能出现的不同的外在行为特征、心中的价值观、优点与缺点、语言习惯、思维习惯、与人交往的特点、喜欢被人对待的方式或被人赞美的词语等，借此大幅度提升个人对人的敏感度、判断的准确度、方向的把握度。我个人之所以能够对顾客总结出比一般人更多的心得，性格学的长期学习起到了莫大的作用，因为我可以用一些通用的规律对顾客进行观察、分析和总结，从中得到更多的收获。

而什么叫做"我是他"的境界？这个是我自己也没有达到的一种境

界，是个人的一种修炼，也是一种追求。**我的认为，"我是他"是一种无我的境界，可以放下身上存在的一切包袱，没有主观、没有自己，完全以对方为核心**，迅速进入到感同身受的境界，能很快地感知到顾客的所想所思，因为我就是他，不需要分析和判断，也没有任何隐藏，因为顾客的感觉就是我的感觉，顾客的感受就是我的感受。这时候的我不再是我，我就是他，所以能体会到顾客的点点滴滴，能在第一时间就拥有恰当的反应，知道顾客要的、想的、放心的、担心的，最后做到的不是我们去满足顾客，而是我们自己满足了自己。

在这样的修炼过程中，其实个人最初的想法也是自私、直接的，就是为了成交、为了业绩、为了搞定顾客让他买单，所以希望通过换位去了解对方、掌握对方，从而达到销售的目的。但是通过长时期的自我训练之后，我发现其实了解对方反而是我其次的收获，更重要的是通过换位的方式不断地自我攻防和对话，付出了真正的努力去说服自己，结果让我更深刻地了解了我自己。在跟自己对话的过程中剖析自己，听听自己最真实的声音，知道自己的想法形成的路径，知道哪些诱因的出现会导致行为的产生，越来越能理解许多人经常说的那句话"自己就是自己最大的敌人"。

许多人无法真正做到换位思考并不是能力不够，而是因为目的性太强，焦点过于集中在"他"上而不是在"己"上，迫切地想要了解别人，却不见得愿意用同样的斗志去了解自己、面对自己，所以在换位思考上就很难有大的突破。如果一个人可以把自己分析得清清楚楚、明明白白，那么就没有你分析不透的顾客，所以最重要的进步是来自自省，而未必是来自对他人的研究，最终自己就是自己的启发者。一个不愿意研究自己的人，很难成为真正了解顾客的人，所以我经常说：其实一个销售顾问最好的老师就是自己，而不是别人！**如果自己可以让自己开开心心地购买，那才是最成功的销售。**

盗心法则二：影像回放

销售顾问的大脑就像是一部录像机，能详细地记录销售过程中所发生的一切，这样我们在销售结束之后可以把资料从大脑中提取出来作为总结和检讨的素材。同时这部机器还兼具了快进、慢动作、重复回放、倒带重来的功能，这些功能使我们可以将几个类似的但可能不是在同一个时间段里的案例分别提取出来进行比对核实，让我们从共性和个性中提取有价值的经验。

但是许多人太过于在意结果，往往为了结果反而没有对大脑录像机的功能善加运用为自己创造财富。虽然大脑自动为我们启动了录像的功能，但主人却很少察看存档下来的资料；虽然大脑也自动配置了回放的种种功能，但主人却也很少按启动键执行，没有珍惜与重视这些功能的存在，结果造成记忆库里堆积如山却又尘封已久，最后随着时间的推移资料也就逐渐失去了它应有的价值和意义。

销售顾问天天在追求好的结果，却忽略了好的结果往往不是靠运气得到的，也不是单纯靠努力就能成就的，而是不断修正销售过程得到的。顾客买单了，太开心了，终于成交了，因为开心所以忘记了销售过程中有些不尽善尽美的地方需要我们总结，让结果掩盖了销售过程中所有的东西；顾客看了半天之后走了，一件商品都没有消费，沮丧、失望，甚至是埋怨自己的时间被顾客白白浪费，因为情绪不好所以没有心情总结。因为这些情绪的存在，所以在销售结束之后无法让自己释怀，好不容易等到自己的心情平复了，那场销售的过程也忘得差不多了，而且由于不想让自己再去想起不开心的画面而产生坏情绪，所以干脆让它随风而逝，也不去总结以求进步了。

我听过有些销售顾问会自以为积极地告诉自己："没关系，这个顾客没有成交，还有下一个！千万不要受到情绪的影响，要做自己情绪的主人，迅速跳脱消极的最好的办法就是赶快开始下一笔单。"有时还会

更有道理地举个例子,"治疗失恋最好的办法就是赶紧开始下一段恋情"。乍听之下好像很积极、很有道理似的,但我个人认为这是一种逃避的做法,并不健康。期待下一个是对的,销售顾问要对未来永远有期待,但是如果**没有进步的支持而期待下一个,那就叫做盲目乐观**,对于自己的职业发展没有好处。

心里有负面情绪是正常的,不要受到负面情绪的影响也是对的,但是要让自己**不受负面情绪影响的最佳方式就是面对它和接受它,而非逃避它**。视而不见并不代表它不存在,不断地告诉自己、催眠自己负面情绪不存在,也只是自欺欺人的做法,如果真的不存在那就不需要自我催眠、自我沟通了不是吗?既然它已经存在了,还要自我催眠它不存在,最终只会让自己越来越失去追求事实的勇气,让逃避变成一种习惯。如果我害怕上舞台,那么最好的解决办法就是上舞台,因为只有上了舞台,我才能找到问题和克服的方法。寻找负面情绪的来源,从来源找到根源,从根源推敲出有问题的做法和说法,从而制定出下次的策略。

如果不去思考和总结,那么这个导致负面情绪的案例可能就一点价值都没有,下一次同样的案例可能还会再度发生,反而让这个缺陷所造成的损失无限度地扩大,受伤之后再度受伤。因此,如果销售顾问有负面情绪,我建议不要让自己太快进入到下一笔单。

猫尾巴式的思考

其一:情绪蔓延。

我们上一笔单的负面情绪有可能会蔓延到下一笔单中,结果造成恶性循环。这样对自己不好,对顾客也不公平,毕竟顾客进店花钱,他有资格要求得到我们最佳的状态。

其二:加强记忆。

打铁趁热,应该在记忆最深刻的时候,把有价值的经验总结下来,别让它悄悄地溜走了。

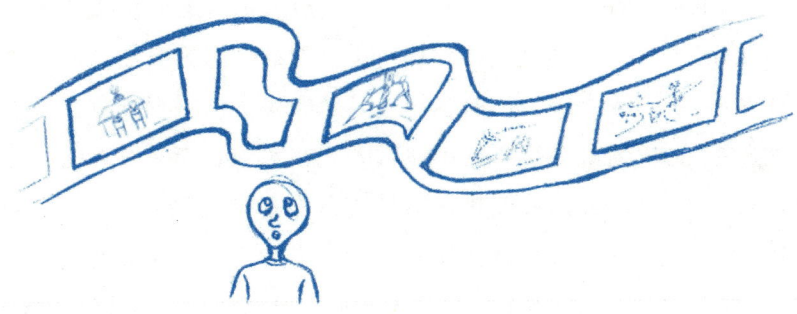

图4-2 时时影像回放

每一个销售现场的案例都会对销售顾问造成触动，差别只是触动大还是触动小而已。但是触动大的案例往往因为发生的次数多了，慢慢地触动就变小了，而触动小的案例因为发生的次数多了，最后就被我们忽略不计了。每天把店门打开，迎客送宾，来了一个还有下一个，走了一个也还有下一个，慢慢地许多销售顾问开始对成交与否麻木了，对结果失去了激情，只求本分不求突破，却不知道自己的本分在他人进步的情况下就是导致自己被淘汰的原因。

就好像我经常在上课时所举的例子一样，在这里也问下所有读者，您还记不记得几年前自己刚刚出道站在销售现场开始做销售时的情景？当成交了人生中的第一笔单时，心情如何？开心，激动，自信。但是现在一个顾客进店买单，心情又是如何？我听过一种回答叫做"淡定"。淡定是一种成熟，但是淡定也代表这种成交的感觉早已经不如第一次那般强烈，甚至一些销售顾问可能会生气，因为"花的时间太长，顾客买的东西太少"。您还记不记得当自己人生中接待的第一个顾客不成交时，心情如何？沮丧、失落、打击、失望。但是现在一个顾客进店接待之后没有买单，心情又是如何？我听过一种回答叫做"正常"。我曾经见过这样一个场景：一个老板娘看到销售顾问努力半天之后没有成交，忍不住开口询问销售顾问："为什么那个顾客没有买？"销售顾问没好气地说出一个让人惊艳的答案："每个人都买的话还得了！"说得老板娘瞠目结舌不知如何应对。

在接待顾客这个环节上,现在和过去之间,除了顾客不同之外,事件本身的差异并不大,关键的变化是我们的心态,从强烈的触动趋于平淡,从精心总结一路走到无可总结。许多人都知道"温水煮青蛙"的实验,如果我们将青蛙直接丢到热水里,青蛙会因为突然之间温度太高而弹跳出来,这是一种求生的本能;但是如果我们将青蛙放在冷水里慢慢地加温,最终青蛙会无所抗拒地被煮死在水里。当一个人的心境产生天翻地覆的变化时,这种变化很容易被自己察觉到而产生警觉。但是,如果心境的变化是分散在每天的一点一滴中的,那么这种变化可能就不会被知觉,等到自己察觉时,已经不知道自己是如何变成了今天的自己了。**所以当一个人对于同样的事件的触动越来越小时就应当要有所警觉,因为它代表的是我们可以从类似的事件当中学习到的东西越来越少了。**

影像回放的功能并不是少数人拥有的专利,而是很公平地存在于每个人的大脑当中,是我们从出生开始就已经被赋予的一种能力,所以我们可以记得许多年前的事情,甚至对于一些细节的感觉历历在目。比如,有一个人跟你借了一笔大钱,最终却一分钱都没有还给你,而且是屡催不还,我相信可能事过境迁 10 年以后,一旦谈到这件事,你仍然能把对方当时跟你借这笔钱的情境描述的跟电影回放一般,把所有情节交代得清清楚楚。因此,这种能力是每个人与生俱来的,但是用与不用就要看自己的决定了。

因此,这种能力不存在有没有的问题,而是重不重视的问题。重视,这种能力就会被拿出来大量地重复使用,就有如一把刀一样越磨越光;不重视,这种能力就会被深深地隐藏起来,最后锈迹斑斑很难发现它的存在,所以心态直接决定了这种能力发挥与否。因此,销售顾问要问自己,可不可以回归到青苹果的心态重新面对每一位顾客,告诉自己每一位顾客都是有价值的,**顾客的价值并非只存在于销售金额上,更重要的是它存在改变我们未来人生的价值。**用这个角度重新看待我们的工作以及在销售现场所出现的每一个人,回放的功能就可以发挥得淋漓尽致。顾客依然是同一个顾客,心态不同结果就不同,"他还是他,但是我已经不是原来的我"。

第四章
看透顾客心

一部电影里一定会有重头戏，会有高低起伏、扣人心弦的剧情，所以当我们看完一部电影时，会对某些环节印象特别深刻，在脑海里不断出现那个节点上的故事情节，回味无穷，甚至还会不断地向朋友叙述这个情节，分享这些画面或是某些语言所造成的触动。如果我们把每一次销售都当成一部电影的情节，那么事后能够有深刻回忆的部分应该就是发生了某一些不寻常的状况的环节，也就是电影里的重头戏。针对这个环节，销售顾问应该静下心来好好回忆当时现场的具体表现是怎样的，回忆顾客和自己的语言、行为、眼神、声音、声调，从中找到转折的因由，好的可以变成经验积累起来，不好的可以作为教训以求下次能避开，不至于让自己在重复的地方摔倒。摔倒一次无可厚非，因为没有人是不犯错的，但是如果不知道总结出摔倒的原因而修正过来，一摔再摔，甚至最后变成习惯，那就不可原谅了。如此一来，当有一天自己变成其他同事的前辈时，不但不知道怎么教他绕开危险，体现老员工的价值，还带着他一起走进危险、体验危险，最后**错误复制错误，影响重复影响**。

一兄得便秘，在厕所里久久不能如便，正在他极度努力的时候，看一哥们向旋风一样冲进了厕所，进了他旁边的位置，刚进去就传来一阵狂风暴雨，那兄羡慕地对那哥们说："哥们，好羡慕你呀！"那哥们说："羡慕啥呀！裤子还没脱呢！"

大多数的人都只看到他人成功的结果，对他人的成功羡慕不已，却看不见对方所付出的代价以及辛勤的耕耘。所以在寻求成功的过程中，不要羡慕他人成功的结果，要关注他人努力的过程！

盗心法则三：专业顾客

顾客是自由的、随性的，不受任何限制，也可以不带有任何目的性，在自己产生需求的时候再去购买商品，去与不去、何时去都可以说变就变，而且还可以找自己喜欢的商场、品牌甚至是销售顾问，所有的一切可变也可以十年如一日的一成不变。但是专业顾客就不同，**专业顾客是有目的性的，不管买还是不买，有需求还是没有需求，都必须要定期去商场通过购物学习、充电**，而且要去各种类型、不同档次的商场，不管是买得起还是买不起；尝试不同风格、不同年龄段的品牌，不管是双十年华还是已过而立之年；甚至要不断寻找新面孔的销售顾问，不管是聊得来还是聊不来。总之，要成为一个专业的顾客就不能一成不变，要不断想办法扩大自己的信息来源！这时候顾客的角色比较偏向于神秘顾客、调研的研究员，而非单纯的顾客。

许多销售顾问做服装久了之后，慢慢地反而对服装、逛街缺失兴趣了，生活并没有因为做了服装之后越来越宽，反而越来越窄，信息的来源慢慢地从市场转变成身边几位朝夕相处的同事。对技能的要求有时也会变得越来越低，因为身边的同事大多差异不大，特别是彼此熟悉了之后反而产生不了销售榜样的力量，因此对提升没有急迫感，时间久了对自己的要求也就逐渐下降了。对顾客的回答也慢慢地与市场脱节，不知道时代的变迁已经改变了顾客，市场的竞争已经迫使竞争对手产生了变化，信息的延迟导致销售顾问无法更精准地对顾客进行解惑。要知道**生意越来越难不是前一天后一天的变化，市场业绩的萎缩也不是前一天后一天形成的局面，而是逐步被蚕食的结果。**

为了提升自己对市场的敏锐度，提高对顾客的把握度，能与时代与时俱进，我养成了几个习惯。

习惯一：定时巡店

千万不要告诉自己"只要有空我就去"，因为这是对自己最不负责任的说法。一旦给自己设定了这样的标准，最后就会发现根本就没有时间去，不是工作太忙总是有很多突发的事件需要亲自处理，就是家里临时有急事所以必须得回家一趟。临到该执行计划时，就像老天又在跟我们开玩笑似的，总是有各式各样不同的事件发生让自己不得不打乱计划。随着身边所发生的事件变化，最后面对自己的这个目标除了无奈还是无奈，一句话"人在江湖身不由己"。有句话说的好，**"住在阳明山山脚下的人，可能这辈子都没有爬上过阳明山"**，因为他们总是告诉自己这么近随时想去都可以，不必急于一时，等时间空闲一点了再说，结果一拖再拖，直到有一天搬家离开了阳明山都未必爬上去过一次。虽然是唾手可得，但是手不伸出去，再简单也得不到。

有许多销售顾问平日的工作地点就在商场里，正常来说巡商场的机会应该比别人多得多，也比别人方便得多，但是这样充分坐拥地利条件的人是不是巡店次数就真的比较多呢？答案是未必，也极有可能除了自己的店之外，其他的楼层、其他的品牌可能一个月都未必进去过一次，每天都是从商场门口到自己品牌的卖场两点一线周而复始，距离虽近但心很远。

因此，销售顾问如果真的从心里重视这件事情，就应该为自己制定明确的目标，但不需要没有灵活性地把时间定死在某一天的某个时间段，结果给自己太大的压力，做不到反而会有很大的负罪感。其实可以给自己定一个星期要用多少个小时来巡店的目标，因为零售行业的变数比较多，所以可以给自己预留一些变化的空间作为回旋的余地。

习惯二：多品牌、多商场，取人之长，补己之短

因为我们不是纯粹的消费者，所以不能以消费者的喜好来安排我们的巡店计划。消费者以需求为导向，专业顾客以目的为导向。有可能我们已经三十多岁了，但是我们做的却是少女装，我们不能以自己的年龄去选择自己喜欢去的品牌或商场；有可能我们平常只能消费得起中档次的品牌，但是销售的却是高档次的品牌，我们不能以自己的消费档次去决定我们要研究的品牌；我们平常穿的都是女装，但是销售的却是男装，不去逛男装店又如何提升自己对男装的知识和敏感度。如果仅仅只是凭

个人的需求,那么我们去的地方可能都与工作无关,收集不到竞争对手的市场信息。

所以一个专业顾客是没有品牌限制、没有商场限制的,要能够从各类的品牌以及各个不同等级的商场中吸收他人的经验,即使是做批发的也有可借鉴的地方。我巡店的宽度就很大,男装、女装、运动、休闲,高端的、低端的,连女性内衣店我都逛,因为我的目的不是穿,而是提升,所以我自己从来不做自我设限,没有什么地方我不该去,对我来说都该去。因此,我可以很客观地从各类型品牌和商场中看到不同的特点和优点。比如,量贩式品牌的连带率,因为它们的单价低所以需要靠连带来提升客单价;成熟女装的成套式销售和陈列,因为顾客大多是市场上的职业女性,所以对于整体的形象会更加注重;高端品牌的VIP顾客服务,因为他们的客流量相对较小,所以需要**从有限的机会里发展出无限需求**;低端品牌的促销活动推广和执行,因为他们的单价低,所以需要靠庞大的客流量带来销售额的大幅提升,创造氛围,创造客流;内衣的贴身式销售服务,只要能陪同顾客进到试衣间里协助顾客试穿,当顾客对我们无所保留的时候,我们之间的距离就会拉近许多,对成交有莫大的帮助。总之,各具特点,各有所长。

我们无法限制进店顾客的年龄层、消费层、喜欢谈论的话题,甚至连顾客的性别我们都限制不了。比如,做女装的也会遇到男性顾客;做少女装的也会遇到父母来为女儿选购的情况;做成熟女装的也有可能遇见年轻的女孩为母亲来选择生日礼物。如何架起沟通的桥梁,用话题带动和谐的沟通,跟我们在整个服装行业上的素质与素养有关。

销售顾问不要曲解"专注"的意思,所谓**专注指的并不是只专心在自己的一亩三分地上连头都不抬,这不叫做专注,叫做狭隘**。所谓专注是指从各方面的信息收集中融会贯通,取长补短,灌注在我们自己所专注的品牌上,让我们品牌的路走得更宽,做得更好。所以专注不是只看自己的意思,而是吸收更多为我所用的意思。有时错误的解读就会造成错误的做法,可怕的是还一直以为自己是对的,甚至以为自己所做的是值得表扬的。

习惯三：建立自己的销售顾问交流圈

图 4-3　建立自己的交流圈

有些事情要靠自己，但有些事情就要靠群体，我经常开玩笑地说"生孩子就要靠自己，但要把孩子培养成有用的人就要靠群体"。销售顾问要放下单打独斗的习惯，超越门户之见，甚至与竞争对手成为朋友。把学习的脚步从内往外延伸，慢慢地运用群体力量，通过视角的扩张超越一个人的局限性。成长除了可以通过自己慢慢地摸索之外，也可以通过吸取他人的经验为自己所用。**经验不一定是自己摔倒过后才能得到的，通过别人的分享，直接拿对的做法来应对市场也可以得到自己的经验。**

所以销售顾问可以建立自己的圈子，主动而且有意识地去结识更多来自各类型、各档次、各商场品牌的销售顾问，因为每一个顾问都代表着一个领域的信息源。一方面，可以通过他们得到更多的市场信息，补充自己的知识；另一方面，可以通过彼此之间的市场经验分享，取他人之长，补自己之短，降低错误的代价和风险。**将他人的经验融会贯通最终为己所用也是一种创新**，创新不一定靠自己，有时创新也可以靠别人。因为这些销售顾问彼此之间并不存在市场竞争的问题，所以不需要遮遮掩掩避免信息外流，这样的关系反而更可以推心置腹地畅谈，交流彼此

的心得。

还有最重要的一点是销售顾问要注意的，其实每个圈子里的销售顾问本身都代表着市场上的一种顾客类型，了解他们、分析他们、研究他们也等于是在做顾客类型的分析和总结。如果我们在巡店的时候约上他们一起逛街，就可以帮自己创造出一个近距离分析顾客心理的机会。他们是我们的朋友，也是我们的研究对象，而且这群人都是行业里的专业人士，所以从他们身上我们可以获得的比一般消费者更多。

"人外有人、天外有天"，销售顾问一旦变成了井底之蛙，那就会失去进步的动力，看着自己的一片小小的天空，以为天空就只是这般大小。跨出脚步，真正走进更宽广的销售世界，才会发现自己的渺小，也才会看到自己更多的发展空间，这时候的心才可以静得下来。

习惯四：跨行业信息收集

要做到这一点需要销售顾问突破观念，其实销售万变不离其宗，虽然商品不同，但是销售的原理都是一样的！许多人喜欢把销售区分得很明显，如做化妆品的、做床上用品的、做服装的，有些更严重，把做服装的又区分为做运动的、做休闲的、做时尚的等，区分完之后就把自己的视觉焦点放在自己认为有关系的领域里，自以为专注，其实不然。其实各行各业的管理和销售都是互通的，有一定的区别，但也有一定的共性，只要用心，很多都是可以互相转换、互相学习的。过度地把自己局限在一个单一的小领域里，最终只会让自己学习的路越走越窄，而看不到其他行业成熟的优点。

比如，化妆品行业，因为化妆品是擦在脸上和身体上的商品，姑且不论效果好不好，万一使用不当就有可能会造成过敏的现象，而一旦发生类似的状况心情就要恶劣好长时间，连出门都有困难。所以顾客在购买化妆品时会比购买服装考虑的更多、更严谨。因此，化妆品的销售在商品 FAB 介绍的要求上，对于顾客售后的讲解和跟进，以及顾客疑义的处理上，就会比服装要求的更高，否则很难让顾客产生足够的安全感去更换自己过去所习惯使用的商品，因为换品牌一方面代表的是期待，另一方面也必须承担一定的风险。

图4-4 化妆品销售

观念决定思维，思维决定行为，行为决定结果。当我认为这个行业跟我无关的时候，我可能就只会以消费者的心态进行体验，而忽略了从销售者的角度进行观察和思考，结果花了时间但是什么都看不见。**不是这个行业跟我们的行业差异太大无可借鉴，而是我们的观念让我们的距离变远，**最终远到看不见，远到不知不觉。如果认为销售本是一家，那么除了从消费者的角度去体验之外，也会从销售者的角度去观察和思考。如果可以打开我们的观念，用全新的视角去看待所有销售行业，就会发现**不是这个行业跟我们的行业差异很小，而是我们的观念让我们的距离变近了。**

盗心法则四：生活销售

在我的印象里，我从初中时期就养成了一个当时许多同学都不理解的习惯，因为那跟当时的学习完全无关，所以被人认为是不专心、浪费时间。刚开始应该是出于对人的好奇心，所以我特别喜欢听别人讲话，

尤其喜欢坐在麦当劳、肯德基店里听旁边的人说话，可以一个早上或一个下午乐此不疲，而且不是随便听听而是很专注地听。

这个习惯一直到现在我都还保留着，虽然这是一种不礼貌的行为，但是有时候确实也控制不了那些声音飞进自己的耳朵里。这些年来，因为出差到各地讲课，所以经常一个人在机场等飞机。很多人问我一个人待着会不会很无聊，对很多人来说可能会，但对我来说却一点都不会，因为只要是坐在我旁边的人都是陪伴我的人，他们只要一聊天，我就在旁边静静地听，不管他们是母子之间的对话，还是工作伙伴之间的对话，还是男女之间的对话我都听，百无禁忌、趣味无穷。不过，我在听的时候并不只是单纯地听，我会问自己。

猫尾巴式的思考

这个人在群体中招不招人喜欢？为什么？
他说话的状态给人什么样的感觉？
这个群体中谁是主要影响者？
这个人出于什么原因说这段话？
这样说的目的是什么？
有哪些词语引起了我的注意？
这些词语在这里出现代表什么？
说的人表面上想表达的是什么？实际上想要得到的效果是什么？一致吗？
这样的表达能不能正确地传递出自己的想法？为什么？
听的人是什么感受？
听的人会怎么想？
如果我是他，我会怎么讲？
哪些词语我要学习，而哪些词语我要学会避免出现？

我会用自问自答的方式思考，而这样的思考对我来说是充满趣味的，我很享受这样的分析过程。每个人学习成长的方式都不一样，有些人是靠看书，有些人是靠听课，而我则是通过身边所发生的点点滴滴来学习。用心观察生活，从生活当中分析总结，并且将生活中的所思所学应用在销售和管理中。对我来说，这样的学习是轻松自在而且容易的，没有一丝一毫的压力，同时学习的机会可以无处不在，所有的人都是我的资源，所有的人也都是我的老师。所以我经常说，**人生就是一本书，出现在身边的人就是老师**，他们会用自己的人生经历给我们很多的启发和教育。

所以我建议销售顾问做到三个"不要"：一是不要把学习变成一种压力，要找到一种独有并且属于自己的方式，这个方式与他人无关，也与他人的认为无关，适合自己是最重要的；二是不要把学习仅仅局限在与销售、商品相关的知识与技术上，因为顾客要的不只是这些，能提升我们的销售业绩的也不只是这些；三是不要只把学习当成那一本一本厚厚的手册，手册是死的而人是活的，但是经常活的却被死的牵着走，最后不是我们控制它为我们所用，而是它在影响我们的学习情绪。人性的根本是追求快乐和避免痛苦，如果学习是快乐的，那么学习就很容易持续；如果学习是痛苦的，那么学习就很不容易持续。因此，许多人一旦考上大学之后就犹如脱了缰的野马"由你玩四年"。

对于如何把学习变成是一件快乐的事情，我个人倒是有些自己的心得，也是我这么多年运用的方法。

图 4-5　学习的途径

从家人身上学习

家是享受温暖的地方，也是可以给我们很多启发的地方，如夫妻相处之道、亲子的过程和孩子们之间相处的童言童语，就是小宝宝也会带给我们很多心得。做父母的人都知道，小孩子跌倒不一定会哭，关键是旁边有没有他所依赖的大人在。我们家的孩子就是这样，有一天磊磊在客厅里推着我出差的行李箱开心地跑来跑去，正在学着爸爸出差的样子，而我正专心地在电脑前做我的课程开发。突然我听到"砰"的一声，我知道磊磊摔跤了，不过在我刚刚要站起身的那一刹那，眼睛的余光瞟见他只是轻轻地跌倒并不碍事，所以我就没有站起身来。但是我看到，儿子抬起头来看着我，一副准备要大哭的表情，但是看到我没有任何反应，本来要大哭的脸就慢慢地恢复了原状，最后只是轻轻地哼了一声，然后就爬起来继续推着我的行李箱玩。我看着心里很想笑，但是还是忍着没有笑出来。不过，这件事倒是给了我一个销售上的启发。如前所述，其实顾客有时候也是如此，本来顾客只是单纯的抱怨，但如果销售顾问过度关注了就有可能让顾客将其升级为客户投诉，因为过度的关注会引燃顾客心中的投诉之火。所以销售顾问在面对顾客的抱怨时，要能把握好尺度，不能太过也不能不管，要能拿捏好分寸，既让顾客觉得自己的抱怨没有不被重视，又可以顺利地把抱怨带过。

启发无处不在，联想随时可动，学习不拘泥于形态，小事物也可以变成大感动、大收获。

从朋友身上学习

我从朋友身上也得到了很多启发，比如，他们的家庭点滴、工作历程以及工作中上下级关系的处理，朋友之间的关系从和睦到矛盾再从矛盾回到和睦，下了班之后一起喝咖啡或是一起吃火锅，从中都可以得到一些启发。如果您也期待自己被启发，那么启发就会出现在您的身边，因为它本来就存在，不过需要您张开眼睛、打开耳朵而已。

我遇到过朋友夫妻之间吵架，先不说自己在旁边不上不下的有多么尴尬，走也不是、不走也不是，管也不是、不管也不是，最惨的是听到了某些吵架的内容时真的很想笑却又不好意思笑，这时候真是比尴尬更

第四章
看透顾客心

难受。我听到太太一直在我面前抱怨先生，而先生因为我在旁边所以一直隐忍着，无奈的眼神不时地飘向我，我只能用同情的眼神回应，但是一句话也说不了。最后先生想要赶紧结束太太的抱怨，所以压抑着自己即将爆发的怒火，刻意压低了音量说了一句："能不能别说了，都算我的错行不行！"哪知道太太马上接上一句话："什么叫做都算你的错，本来就通通都是你的错！"这下战火正式点燃，冲突升级。

在冲突的过程中，彼此都不认为自己有问题，所有的焦点都放在如何克敌致胜上。不过我作为旁观者，公平地说，先生的那句话确实有问题，"都算我的错行不行"，这句话如果加上了不耐烦的表情、眼神及无奈的声音声调，给对方的暗示就是"其实都是你的错，我现在是在帮你背黑锅而已，你别不知好歹"，所以太太才会条件反射式地出现下一句对话。**一方面想要退，一方面又想要进；一方面想要消弥战争，一方面却又在挑起战争**。所以一句话说的不得当，最终引发了正式的"世界大战"。

一个人的人生经历是有限的，但是通过所有朋友的人生，我们所扩张出来的经历是无限的。

从同事身上学习

同事是在我们生活当中交往的一个大族群，有现在的同事、过去的同事，有同部门的同事、其他部门的同事，而且我们每天跟这群人相处的时间可能比家人还长，沟通的机会比家人还要多，平常还需要共同完成一个任务。所以同事是我们成长过程中最重要的资源。

我常常听到员工在接到任务时跟主管说一句话："领导您放心，我一定会尽力而为的！"许多主管在听完这句话之后会拍拍对方的肩膀，然后满心以为员工会全心全意地完成任务，对这句话潜藏的含义一点警觉心都没有，这时我就开始为他的未来担心了，对于目标是不是真的这么乐观。其实一个人说出"尽力而为"四个字时，有一种解释是"不是没有信心，而是话不要说得太满，要为自己留点后路，做人要中庸、谦虚一些"。但真正如此的仅仅是一小部分人，对大多数人而言这句话表示员工对结果没有充分的把握，心虚、底气不足。以员工的心态来说，员工可

能已经开始为自己在月底完不成目标做铺垫了,意思是要告诉领导"我会尽我的力量,但是万一没有做到的话千万不要怪我,因为我已经是尽力了,在尽力这方面我没有任何的问题"。

如果一个人在刚开始承诺时就为后面完不成的败局收尾,他的信心就可想而知了。如果我听到员工跟我说"尽力而为",我的下一个动作就是要找出他没有百分百的信心的原因,所以我会问他:"你是不是对于这个目标还有什么担心?你可以说出来,我们可以提前来解决,现在解决还有时间,如果在做的过程中才发现有问题,那就焦头烂额了!"员工可以聪明地先为自己将来可能做不到的事做好铺垫,我也可以很有智慧地在我听懂他话中的含义时提前把他的问题挖出来,提早帮他把漏洞补上。因为员工的目标不只是员工的目标,同时也是我的目标,他完不成意味着我也岌岌可危。

从陌生人身上学习

在我们身边出现的人,认识的少、不认识的多,有关系的少、没有关系的多。如果能从陌生人身上学习,那么学习就可以无限放大,眼前所见皆可为师,就像金庸武侠小说里所形容的较高境界,"草木皆可为剑"或"心中有剑"。

2012年,我出差到湖北宜昌做项目调研,当时企业安排我入住的是宜昌市的民生酒店。我住过的五星级酒店太多了,但这个酒店却是给我印象最深刻的,不是因为它的豪华(有太多的酒店比它更加豪华),而是因为它的人文关怀让我回味无穷。

当我拖着疲惫的身体回到房间时,我意外地发现桌上留有一张小纸条,上面用圆珠笔写着几句话,"亲爱的宾客您好,我想您因为公务繁忙,没有时间打理,我在书桌上发现了您的一双袜子,我已经帮您洗好晾在浴室,希望能为您的旅途带来一丝方便,服务员小张。"

要让顾客感动其实不用做多么伟大的事情,只要是出于真心的服务,顾客都可以感受得到,那份温暖比什么硬件设备都贴心。如果我有机会再度到宜昌出差,如果我可以自己选择住房,我一定会再度光临民生酒店。对我而言,那是我这十几年来住酒店时最美好的经历。

我相信许多人都有类似的经历,只是我们在产生触动之后并没有把它记录下来,并通过思考转换成经验,把它应用在销售和管理中,结果时间一长这些经验就开始蒙上灰尘了。不过,最可惜的是有**触动但是没有有意识地转换**,有发生但是没收获。

学习不是一次或是一段时间要做的事,而是一生要做的事,所以要让自己的学习方式可以被自己持续使用,这一点是很重要的。许多人都在学习,但很少有人会为自己的学习方式找到一个好的出路,结果直接影响学习时的耐心与学习之后的效果。一个人的记忆力提升是有方法的,要对员工进行良好的沟通是有方法的,开会要开得有效率也是有方法的,所以销售顾问一定要记得,学习一定有方法,而且有快乐的方法。

盗心法则五:策略模拟

理解比较简单,但要把道理落实到实践当中就会比较困难。因为听懂到深刻理解并意识到自己一定要调整有一段距离,而深刻理解到落地执行还有一段距离,而这段距离绝对不是一脚就可以跨过去的两个山头,中间需要经过重复不间断的模拟,经过学习后格格不入的尴尬阶段,最终才能把知识技术变成自己身上的血肉。

学习最终的目的不只是懂,而是要能够做到实践和应用,把所学内容植入到团队,在日常工作中发挥价值。因此为了技术落地,很多老板花了很多钱亲自去接受培训,同时也送大批的员工去培训,甚至固定时间、固定周期地执行培训计划。但是经常发现学习完之后在销售现场发挥的功效微乎其微,最后学习慢慢变成食之无味,但又弃之可惜。不做,但是大家都在做;做了,好像又看不到期待的结果,甚为纠结。

其实落不了地的真正原因并不是培训的内容有问题,或是方向不正确,而是主导人要在观念和执行方式上做出一定的调整,否则结果就会像打靶一样,失之毫厘、差之千里。

图4-6 销售顾问扮演顾客模拟演练

不能急于求成

"十年树木,百年树人",教育大计非一朝一夕可成,许多人并不是不明白这个道理,但是依然控制不了立马见效、急于求成的期待。虽知道但期待,所以每每还没有坚持到看见成果就换了方向,总是希望找到更好的捷径以缩短成功的距离,孰不知以能力提升而言,**按部就班就是最短的捷径,捷径就在眼前,但是就是不愿意相信这就是捷径**,反而愿意相信一定还有其他捷径,结果四处寻找却徒劳无功,岂不可笑。

店铺乱象不是一天造成的,技能不足也不是一天造成的,是几年积累下来的恶性循环。既然问题不是一天产生的,改变也没有办法一天就成功。尤其是这两年因为大家的市场经营的压力倍增,对于等待就更加没有了耐性,结果屡屡付出但也屡屡无果,焦急和无奈并存。放眼销售市场,到处都是一天就想要吃成胖子的人四处在寻求秘方,其实秘方就在自己身上。

第四章
看透顾客心

主导者稳定的心态是结果的保障，员工的成长一定需要时间，从不懂到懂需要时间沟通，从懂到能灵活运用需要时间演练，从灵活运用到固化技能成为习惯需要持续磨练，精益求精才能有稳定的提升，主导者一旦乱了，员工自然就神龙摆尾了。小学没有毕业的话中学的内容自然接受不了，揠苗助长最终只会让自己的期待越来越远。许多主导者如果可以把对待自己的孩子的耐心拿来对待员工，谆谆教诲，给员工时间，那么没有员工是不能够被成就的。同样的道理，您也不会期待自己的孩子送去念小学的第二天就有念大学的实力，挺吓人的不是吗？许多员工除了需要技能的辅导之外，更需要主导者给予成长的时间。

要记得主导者越急，执行者的压力就越大，压力越大学习的效果可能就越差，最后造成执行者的抵触情绪，执行也就宣告终结。**其实这棵树不是不结果，而是在结果之前就已经被放弃了。**

消化完再补充

学习是求质不求量的一项任务，囫囵吞枣的结果就只有跑厕所，要不就是憋得慌，要不就是出不来急煞人。我见过许多人严格规定自己每星期要看一本书，把看书的数量当成一种目标。其实我个人特别不建议用这样的方式学习，读万卷书不如行万里路，不去实践怎么把书中的黄金屋盖到现实生活中来。一本好书是需要时间慢慢地去品的，是需要读者花时间玩味的，只有玩出自己的味道、自己的心得，才能领会其中的精华。

每周一本书，只能代表信息量的大量进入，但信息量的进入却不代表在实践上有输出的结果。任何一个销售的理论或是管理的方法，都需要通过实践去磨合，绝对不是看进脑子里之后就可以如鱼得水地运用自如。写书或是讲课的人都只能传授自己的经验，无法陪同你走过体会的过程，更无法帮你做到现场的修正。如果我告诉大家只要看完这本书大家的业绩就会突飞猛进，我是在骗大家的，而骗大家的目的就是希望你来买我的书、来听我的课。许多时候讲实话并不讨人喜欢，但是这实话肯定有一天会被每一个不同的自己所验证。

我身边就有一些非常喜欢看书的人，也有一帮特别喜欢听课、天天

跑会场的人，这些人共有的特征就是讲起理论来一套接着一套侃侃而谈。对于不懂的人来说，这些言论马上就会得到他们惊艳的眼光，但是一旦真正进入到现场实操，就会发现语言空洞而乏味，禁不起考验和推敲。

所以我个人衷心地建议，如果经过您审慎评估之后确认某一本书或是某一堂课程是值得您学习的，那么请您在看完书或是听完课之后，迅速进入到实践的阶段。在您还没有真正融会贯通，通过时间把这些知识和技能为己所用之前，不要急着去看下一本书或是听下一堂课，因为知识有时是会有冲突、需要思考的，有时与现实操作存在的矛盾也是需要化解的。要记得量大不能代表什么，只能代表你的信息量比较大，花的钱比别人多，代价比别人高，其他的什么都代表不了。我们也可以问问自己，这是不是我们最终期待的结果。量大不如质精，花一大堆时间去看书、听课，还不如把时间花在两件事情上：一是审慎评估这本书或这堂课对您来说值不值，下决心前越谨慎，后面的问题就越少；二是不断地实践，如果花了钱却得不到结果，那还不如把钱拿去做慈善更有价值。

制定培训计划

任何一个技能的落实一定要伴随着一个完整的培训计划去执行，没有培训计划作为支持的技能训练，最后在落地时无疾而终的居多。这就像我经常在上课时开的玩笑，如果你要拿人性来考验，那么最终失望的就只有你自己。假设你今天捡到了一千万，您会怎么做？马上交公安，马上想办法私吞，还是挣扎许久之后交给公安？如果不是法律上有硬性限制和惩罚，我想许多人可能都禁不起人性的考验，包括我自己在内。

所以在培训结束之后，培训计划是我们最终获得成效的保障书。如果没有培训计划，你会发现许多人学习之后第一周的状态是热血沸腾，每天出门唱着张雨生的《我的未来不是梦》；第二周之后，《我的未来不是梦》唱腻了就不唱了，随口哼着的变成了杨坤的《无所谓》；第三周之后连杨坤的《无所谓》也不唱了，开始唱的是齐秦的《我还是原来的我》，一切归于平静，完全恢复原状，一动不动。

有培训计划不一定会去执行，但是没有培训计划执行的可能性就更低了。 我们不可能依赖员工的自律让员工自我成长，如果真能做到如此，

第四章
看透顾客心

培训行业就不会这么红火了。上完课就做，做完就出效果，真是如此，许多培训老师也不会一堂课程可以讲两三年了。就是因为大家在落地上还有问题，所以才会一而再、再而三地重复听课。其实最关键的落地因素并不是听，听一次懂了就是懂了，再听两百次懂了还是懂了，懂很重要，懂得深刻也很重要，但是落地的关键除了听懂之外更重要的是是否制定与执行培训计划。**如果听了两百次还是不制定培训计划，不执行培训计划，听200次跟听1次的结果是相同的**。还是那句话，不如把那199次的培训费拿去做慈善，至少可以帮助许多的家庭渡过难关。

重质不重量

求快不如求熟。比如，我们前面所举的23个关键词，花一天的时间就把它们全部看完，还不如一周只看一个关键词分析，一是给自己一点时间真正地把它看懂、看深、看透；二是预留一些时间，把它运用在销售现场，通过内容的阐述，再加上自己用心的实践，最终可以总结出自己的心得，还可以为自己做一定技术上的修正。我这里所提供的只是原料，就好像衣料一样，不是成品，真正的剪裁还要靠读者自己才行。只有您自己动刀，最后才能够为您自己量身定做出一件您能真正满意的衣服。我不是您，我更不是千千万万的读者，我没有办法做出一套的标准放诸四海皆准，也许有些老师做得到，但是做得到的这个人一定不是我。

所以不要在量上做过多的纠结和躁进，一周一个就已经不错了，就算是两周一个，虽然速度慢却可以融会贯通，真正让知识和技术在身上扎根，我觉得这样的做法更有意义。我在销售训练时常说，求质不求量，量不是最关键的，只要我能持续，最终的量一定可以达到。但是如果没有质的支持，通过质的提升让我们拥有继续走下去的信心和勇气，最后您会发现，**短时期的量最终失去永远的质，而短期的质可以争取到永远的量**。

知识的价值最终到底体现在哪里？是我懂得很多，还是我实践得很好？有人问我，有没有一个方法可以质又高、速度又快、量又大？这个问题我思考了很久，最终我得出了一个结论，如果有的话，那么这个人现在讲一天的课程应该可以得到百万以上的酬劳甚至更高，如果一天可

以赚到百万以上的酬劳,市场上应该早就已经有人在传授了,所以没有的原因很简单,就是因为没有。所以不是我找不到这个方法和捷径,而是大家都找不到这个方法和捷径。

练重于背

其实背的目的有两个:**一是让自己在跟顾客对话的时候可以顺畅一些;二是逐渐改变自己过去的说话逻辑和习惯**。但是背得顺畅并不代表在现场就可以得心应手地应用,所以背不是最重要的,练才是最重要的,因为只有不断地练习才能把理论和实践顺利地接轨。

如果您有一天得到了一本武功秘笈,可以帮助您练成"水上漂",可以帮助您练成"降龙十八掌",但如果您只是把口诀背的滚瓜烂熟,这又能起到什么作用呢?最后只能在默写的时候考一百分,对于自身的功力却一点好处和帮助都没有,您还是您,一点都没有改变。所以不管是我们之前所说的销售结构也好,还是模板话术也好,练是关键,背不是关键。与其花一周的时间去背,还不如花一天的时间去练。

许多人说背熟了之后自然就能运用,其实真的未必,背熟只是记忆清楚了,并不代表在销售现场可以灵活运用。这就像当兵学习打靶一样,在靶场里打跟上战场打一定不一样,而开枪打靶子跟开枪打人就更不一样了,所以只有练熟了才能与销售现场做最大密度的接轨。

在销售现场,如果一个顾客用同样的问题问店里不同的销售顾问,结果发现所得到的答案完全相同,想一想,这也是一件多么恐怖的事情。如果我是顾客,一方面我会佩服这个品牌的训练确实到位,但是另一方面我可能会觉得,这样的回答少了一点点的人情味儿,少了一份自然和亲近。如果销售顾问变成机器人,还不如直接跟电脑对话,只要按一个按钮就可以从屏幕上得到最完整的答案,而且更加省时省力。

多让销售顾问练,在结构正确的基础上,让销售顾问用自己的语言去表达,除了给顾客一个满意的答复之外,更能让我们的销售现场多一份人性,多一份灵活,多一份与众不同,也更能够符合顾客的需求。

现场辅导

现场辅导的重点在于针对性地解决问题，所以这是员工可以快速提升的最重要的方式，也是员工针对培训内容深度挖掘和理解的机会。通过实际的现场操作拉近理论与实际之间的距离，并且可以依据自己现场的表现与顾客的反应提问，在收获之后对个人技能做出调整，并且经过多次的反复总结与修正，最终整理出属于自己的销售结构下的话术。

主导者要在现场辅导这个环节里做以下几项工作：

其一，赞美。要把每一次员工现场操作的优缺点记录下来，不要以改进作为沟通的开始，而是先对其做好的部分进行表扬和总结。许多员工一直以来都习惯被人纠正错误，其实员工有时候除了不知道自己在什么地方做错之外，同时也不知道自己什么地方做对了，所以辅导的过程很容易变成在不断地修正错误，却没有做到优点的固化，让优点延续。

其二，让其自我总结。在整个现场操作的过程中，印象最为深刻的不会是主导者，而是身在其中的参与者，所以要让他们自己做出总结，同时主导者要能引导其总结出优点和缺点，而不是只在缺点上着墨而已。优点可以建立销售顾问在改变上的信心，缺点可以得到修正提升的方向。通过多次的辅导和自我总结，让其养成自我关注、分析、总结的习惯。只要员工能够做到习惯性的自我总结，就会对其自身的进步有很大的帮助，毕竟没有人可以天天守在他的身边对其进行指导。关于进步，自己才是最大的责任者，因此能够做到自我发现、自我调整，那么成长就是无时无刻不在进行了。

其三，再练。在辅导的沟通结束之后，一定要针对刚刚以上所做的指导马上进行新一轮的现场模拟操作，重复演练以加深印象，同时确认对方的理解是否到位。许多做带教的主导者都很容易忽略这个环节，经常都是以口头确认代替实操，一旦对方说懂了，就认为对方真的已经懂了，省略最后"再练"这个环节。不过，一时的省事却带来更大的困扰，因为主导者接下来就会发现带教后的效果大打折扣。主导者要有深刻的

认知,懂了跟做出来是两回事,因此指导完之后的再一次演练对带教的结果呈献至关重要。

图4-7 主导者的工作

案例讨论

一个好的主导者不一定是一个很能说的人,但一定是一个懂得组织、运用资源的人。用身边的资源来带动我们的执行,同时运用身边的资源慢慢让团队形成一个自愈的系统,不是只有主导者在的时候才有解决问题的能力,而是主导者不在的时候机制照常运行。如果店铺里每次要执行任务时都必须把主导者绑在任务上无法脱身,主导者的精力就有可能在单点上消耗殆尽,最终不是员工没有意愿,而是主导者自身先失去了意愿。

但什么是资源?现场所有参与执行的销售顾问就是最好的资源。因为在团队执行的过程中一定会有许多案例产生,不管是优秀的成功案例还是失败的案例都好,主导者每天都要抓住现场的空档时间进行案例的研讨。案例的研讨应该随时进行,不一定要等到某一段时间或是全员到齐的时候才做,主导者可以把最大数可召集起来的同事召集起来,针对刚刚发生的案例,在记忆最深刻的时候通过彼此的经验分享得到更多的心得,不断地给彼此加油打气,加强执行的意愿和勇气。

每一个人都会在执行上遇到困难,这个困难可能来自对内容的不熟悉、不熟练,也有可能是顾客的情况在培训内容之外所以当下不知如何处理,甚至还有可能是对于内容的理解错误而之前并没有发现。有困难的人自然需要同伴的指点,通过他人来启发自己,通过说来缓解自己在执行受挫时所产生的压力。当然也会有表现优秀的时候,这时候就需要

第四章
看透顾客心

从分享当中得到成长的成就感，通过团队的掌声获得鼓舞，从而让自己拥有更大的信心再度执行，同时也可以树立榜样，让榜样在团队中激励其他的同事，让大家更加清晰地认识到执行的好处，拥有更大的信心。

顾客是我们销售过程中的核心，也是我们要征服的最主要的目标对象。销售顾问不能不去了解顾客，因为业绩来源于顾客，对来源不能不用心。一个人的案例有限，而同事的案例加起来则无限，主导者只要善于留心资源、运用资源，这些资源就会源源不断地出现，在我们的落地执行上发挥强大的作用。

一对老夫妇去影楼拍结婚纪念照，摄影师问老大爷："大爷想怎么拍？是侧光、逆光，还是全光？"老大爷思考了一下腼腆地说："我无所谓，能不能给你大妈留条裤衩？"

销售的第一步是训练自己听的能力，而不是训练说的能力。做对事情的前提是听懂，如果连听都没有听懂，做对事情的几率就会大大降低。

后 序

要了解顾客不难，从了解自己开始！

要顾客的忠诚度不难，贴近顾客的心，顾客就会把心给你！

没有顾客可以做到滴水不漏，关键是我们是否能够发现！

了解顾客是长期的工程，既然称之为工程，就需要付出代价才可得到！

顾客不抵触销售顾问，但是顾客抵触让他不舒服的销售顾问！

对业绩上心，就要从对顾客用心开始！

顾客不难搞定，难搞定的是自己的成长！

销售一定有策略，而策略一定隐藏在顾客的背后等待我们的挖掘！

提升难，不提升还要业绩好更难！

视角越宽，学习之路就越宽；视角越窄，学习之路就越窄！

找到一个懂我的销售顾问是每个消费者的期待，我就是那一个销售顾问！

追业绩难，让业绩来追你比较简单！

销售顾问造就顾客，顾客成就销售顾问！

销售之路的长与短由自己决定，长则长，短则短！

业绩，求可得，不求亦可得，乃最高境界！

顾客要的不只是商品，顾客在要商品的同时也要你！

销售就是一门心理学，不研究心理学的顾问不是好顾问！

结果是过程累积之后的结果，只有关注过程才能期待结果！

每一次的销售就是一场战争，要克敌致胜就要知己知彼！

后　序

顾客不是上帝，顾客是我们需要尊重的朋友！

他是他，他不是你，但你不是你，你是他！

销售的关键突破口往往就隐藏在顾客话语的字里行间！

虽然我现在不懂你，但是我正在往懂你的路上前行！

对顾客心存敬意，尊敬环境，低头才能看得到万事始于足下！

猫尾巴式管理的零售终端解决方案

课程一：以终为始，落地终端

一、效能型与效率型团队管理区分
- 何为效率型团队
- 效率型团队管理基础理论
- 效率型团队管理方向

二、行为化能力训练系统
- 何为行为？何为能力？
- 销售能力提升行为化
- 管理能力提升行为化
- 行为化训练的优点

三、店长行为化能力训练系统工作模型

四、落地操作工作流程

课程二：走出茫区，永创佳绩

一、走出大单管理的误区
- 普遍大单的认知是如何
- 错误的行为来自于错误的认知
- 案例剖析
- 重新定义大单

二、走出 VIP 顾客管理的误区
- VIP 的普遍认知
- 错误的行为来自于错误的认知
- 如何创造更多的 VIP
- 重新定义 VIP

三、走出成交率的误区
- 成交率的普遍认知
- 错误的行为来自于错误的认知
- 重新定义成交率 = 接触率 + 准确率 + 买单率
- 案例解析提高接触率

四、走出连带率的误区
- 连带销售的普遍认知
- 错误的行为来自于错误的认知
- 案例剖析行为化连带销售
- 如何快速提高连带销售

五、走出目标分解的误区
- 目标分解的普遍认知
- 错误的行为来自于错误的认知
- 案例剖析目标分解
- 如何透过目标分解提高指标完成率

六、走出客流量的误区
- 客流量的普遍认知
- 错误的行为来自于错误的认知
- 案例剖析客流量
- 如何提高客流量

日常管理系列：

课程三：带教技术

一、前言：带教的重要性

二、带教流程解析：
1. 步骤一：带教开场
2. 步骤二：你做我看
3. 步骤三：我做你看
4. 步骤四：寻找差异
5. 步骤五：解读内容
6. 步骤六：模拟演练

课程四：协销辅导

一、协助销售流程解析

    1. 协助销售的重要性

    2. 协助销售的时机把握

    3. 协助销售的流程解析

        步骤一：贴近观察，抓准时机

        步骤二：亲切开场

        步骤三：答疑解惑，引发欲望

        步骤四：交回主权

        步骤五：继续观察

二、辅导销售流程解析

    1. 辅导销售的重要性

    2. 辅导销售的流程解析

        步骤一：看

        步骤二：记

        步骤三：评

        步骤四：教

        步骤五：练

        步骤六：跟

课程五：会议管理

一、有效会议三要素

二、会议主轴剖析：

    1. 早会主轴：技能演练

    2. 晚会主轴：当日总结

    3. 周会主轴：追目标抓方向

    4. 月会主轴：团队激励

    5. 淡场主轴：技能演练，兑现承诺

三、周会的流程解析

        步骤一：事前准备

        步骤二：周会开场

        步骤三：公布目标进度

步骤四：公布前三后三

步骤五：前三心得分享

步骤六：主持人总结

步骤七：上周店铺总结

步骤八：下周目标公布

步骤九：周计划与工作重点

步骤十：分别沟通辅导

课程六：目标沟通

一、走出误区正视目标
- 合理与不合理只是自信与不自信的体现
- 员工喜欢大目标
- 不是没有能力，而是负面情绪导致能力丧失
- 面对不一定能解决，但面对可以争取到解决问题的时间

二、如何从关键价值链中提取提升计划
- 关键价值链的定义
- 如何设定员工的关键价值链
- 如何制订员工提升计划

三、目标沟通的流程解析

步骤一：事前准备

步骤二：轻松开场

步骤三：自我期许

步骤四：公布目标

步骤五：提升计划

步骤六：拉近距离

步骤七：达成共识

课程七：团队守则

一、制度规定和团队守则有何不同

二、团队守则的适用时机

三、团队守则的流程解析

步骤一：扩大影响，引起重视

步骤二：开放讨论，聚焦可能

步骤三：扩大讨论，聚焦可行

　　　步骤四：订定公约，重复确认

　　　步骤五：方案实施，以身作则

　　课程八：向上汇报 一、如何与领导相处

二、向上汇报的误区有哪些

三、向上汇报的注意事项

四、向上汇报的流程解析

　　　步骤一：事前准备

　　　步骤二：说明情况开场

　　　步骤三：上报解决方案

　　　步骤四：互动讨论

　　　步骤五：解决方案确认

　　　步骤六：时时汇报

　　课程八：向下传达

一、传达工作的误区

二、如何达至内心

三、向下传达的流程解析

　　　步骤一：事前准备

　　　步骤二：传达开场

　　　步骤三：引发共鸣

　　　步骤四：传达好处

　　　步骤五：可能问题预测与解决

　　　步骤六：复述内容

　　　步骤七：传达后跟进

　　课程九：工作授权

一、授权工作的误区

二、授权的工作意义

三、授权的基础

四、工作授权的流程解析

　　　步骤一：事前准备

　　　步骤二：授权会议开场

步骤三：阐述授权项目的重要性

　　　步骤四：正视授权

　　　步骤五：被授权者发言

　　　步骤六：约法三章

　　　步骤七：授权结束

　　　步骤八：授权后跟进

　　课程十：工作指导

一、何为指导，以及指导误区

二、工作指导的价值

三、四类员工，不同员工不同指导

四、工作指导的流程解析

　　　步骤一：事前准备

　　　步骤二：工作指导开场

　　　步骤三：询问原因

　　　步骤四：互动交流

　　　步骤五：总结输出

　　　步骤六：指导后跟进

课程十一：招聘技术

一、招聘的误区

二、确认问题的流程

三、确认候选人的轮廓

四、面试的五个技巧

五、三大类有效的面试问题

六、招聘技术的流程解析

　　　步骤一：事前准备

　　　步骤二：轻松开场

　　　步骤三：邀请自我介绍

　　　步骤四：提问探询

　　　步骤五：岗位信息介绍

　　　步骤六：解决疑问

　　　步骤七：告知结果

步骤八：评测决定

课程十二：PK 的机制制订

一、PK 机制的观念梳理

二、PK 机制设定的基本原则

三、简单认识 PK 的分类

四、PK 机制设定的思考流程

    步骤一：一定内容

    步骤二：二定对象

    步骤三：三定标准

    步骤四：四定方式

    步骤五：五定赏罚

    步骤六：先大后小

五、PK 机制设定的注意事项

课程十三：区分管理

一、区分管理的重要性

二、效率型员工的特征与管理要点

三、关系型员工的特征与管理要点

四、智力型员工的特征与管理要点

五、工兵型员工的特征与管理要点

课程十四：问题员工管理

一、正确认识问题员工

二、四种类型，不同员工不同管理

三、功高震主型的员工管理

四、屡教不改型的员工管理

五、消极悲观型的员工管理

六、自私自利型的员工管理

七、爱找麻烦型的员工管理

八、光说不练型的员工管理

课程十五：店长绩效面谈

一、绩效面谈的目的

二、绩效面谈的原则和误区

三、绩效面谈的流程解析

    步骤一：事前准备

    步骤二：轻松开场

    步骤三：自我总结

    步骤四：领导评价

    步骤五：互动交流

    步骤六：整改计划输出

    步骤七：执行后跟进

销售系列

课程十六：快速成交（8）

一、如何提高接触率

- 一般情况处理
- 八种特殊情况处理

二、如何提高准确率

三、如何提高成交率

课程十七：看透顾客的心（关键词句拆解）

一、明道

- 攻未必攻，守未必守
- 进未必进，退未必退
- 戒急戒躁，知所进退
- 心静则清，明则成矣

二、习术

- 如果…？万一……？
- 我担心……？我比较担心……？
- 只要……其他的就没问题了
- 主要……，先……
- ……应该……
- ……太……
- ……有点……
- 如果是以……我觉得

- 除了……之外，其他的都不错
- 同样……为什么

三、如何分辨真假异议
- 声音声调的轻重
- 用字遣词的好像
- 表情的严肃与否
- 眼神的坚定程度
- 肢体语言的拿放

四、声音声调判断顾客类型
- 主观型顾客
- 温和型顾客
- 求新型顾客
- 质疑型顾客

旺场管理系列：

课程十八：旺场目标管理

课程十九：旺场时段会议管理

课程二十：旺场快速成交

课程二十一：猫尾巴式管理

猫尾巴落地模型

意愿能力四分图

能力预测模型

问题预测流程

策略选择流程

计划呈现五要素

课程二十二：九型性格与终端管理

解读注意力中心
九型性格分布图

- 平和型
- 完美型
- 助人型
- 目标型
- 感觉型
- 知识型
- 疑惑型
- 快乐型
- 权利型

　　以上是知诸零售学堂在线学习平台刘子滔老师整个行为化能力提升训练体系的内容，我们已经在逐步推出来提供大家在线学习。

　　如果您对于其中哪一块有迫切的需求的话，您可以联系到我们，我们可以配合您以直播或者线下公开课的方式支持到您的培训需求。

微信扫码进入知诸零售学堂在线学习平台

　　除了专栏课程，我们还有直播课程，当然，如果您对于其中哪一块有迫切的需求的话，您可以联系到我们，我们可以配合您以直播或者线下公开课的方式支持到您的培训需求。请致电：18258408333 陈先生